ロールシャッハとエクスナー

ロールシャッハ・テストの起源と発展

包括システムによる日本ロールシャッハ学会 編

金剛出版

刊行によせて

　日本にお招きを受け，そこで残してきた私の仕事がまとめられて本になると聞き大変光栄に思います。この本が，日本に対するそして日本の仲間の皆さんに対する私の深い尊敬と愛情を伝えてくれるものと願っています。
　私が最初に日本を訪れたのは1950年の夏の終わり，韓国へ向かう途中でした。そのときはたった2日間の滞在でしたが，東京の街を数時間ぶらぶらするうちに日本の文化と人々の優しさに深く印象づけられたのです。その後も1960年代に4～5回日本に立ち寄りました。それは平和部隊（Peace Corp）に所属していた関係で，いくつかの南アジアの国々で行っていたプロジェクトの査定評価をするために目的地に向かう途中に日本に一日二日立ち寄ったものでした。日本に立ち寄るたびに，この国と人々に対する私の好奇心は増していきました。
　1992年に日本に招かれてロールシャッハ・テストについて講義をすることになったときは，改めて日本やその伝統について学ぶ機会が得られたと思いました。それは私にとってとてもすばらしい経験でした。多くの仲間と交流することができたこともですが，私が専門家としての人生のほとんどの時間を費やしてきたこのテストについて，もっと学び，すっかり学び取りたいという皆様のやる気満々な姿に強く印象づけられたからです。このときには，東京以外の町に出かけることもできて，ますます日本の先祖伝来の遺産や伝統についてもっと知りたいと思うようになりました。
　その後，日本の歴史や文化について書物を読んでいろいろなことを知りました。書物に鼓舞されて学ぶ意欲をかきたてられ，1992年以降も何回か日本を訪問する機会に恵まれましたが，そのたびに少しずつ日本についての理解を深めることができました。日本語を読むことにもチャレンジしてみましたが成功しませんでした。いくつか漢字を書けるのがせいぜいです。
　1994年に日本に新しくロールシャッハの学会が設立されることになって，日本について学びたいという私の動機はさらに高くなりました。包括システム

による日本ロールシャッハ学会はどんどん成長し，ロールシャッハに関連するほかの人たちにも次第に影響を及ぼしていくのを見ることができたのは名誉なことでした。この学会から出てくるリサーチの質の高さにも感銘を受けます。日本の私の同僚の誠実さがよくあらわれていると嬉しく思います。

　今でも，日本にもっと長く滞在して日本語を学び，日本魂を知り，日本の研究者とひざを交えて交流し研究を進められたらどんなにいいかと空想することがあります。しかし，私の年齢がそれを許しません。ですから，包括システムによる日本ロールシャッハ学会の10周年記念を心からお祝いし，その10周年記念企画にこのように私の仕事をまとめてくださったことに深く感謝して，ますますの発展を精一杯お祈りすることにいたします。日本についての読んだ書物の中に「七福神」というのがありました。七福神が，貴学会を暖かく見守ってくれますように。

2005年3月

With warm regards
John E. Exner, Jr.

まえがき

　包括システムによる日本ロールシャッハ学会の設立10周年を記念して，学会企画として本書を出版できたことを心から嬉しく思っている。会員を代表してこれまでこの学会を支え，応援し，関わってくださった多くの会員，諸先生方に感謝申し上げたい。

　包括システムによる日本ロールシャッハ学会（Japan Rorschach Society for the Comprehensive System：略してJRSC）の生みの親は，ほかならぬJohn E. Exnerである。Exnerがロールシャッハのワークショップのために来日したのは1992年10月，小田原で開催した5日間の基礎講座がその最初であった。Exnerはそのときの参加者の生真面目さと学ぶ意欲に感動されたようである。1年後1993年にはIrving B. Weinerとともに再来日され，2日間の子どもと思春期のワークショップならびに3日間の解釈を学ぶワークショップが東京で行われた。そして，その年1993年の国際ロールシャッハ学会（International Rorschach Society：略してIRS）リスボン大会で，「包括システムによる日本ロールシャッハ学会」が30人未満の小団体で団体登録され，日本で認知されるより先に国際ロールシャッハ学会において産声をあげることとなった。1994年に「包括システムによる日本ロールシャッハ学会」設立総会を開催し，Weinerによる設立記念講演を行って学会が発足した。設立総会直後，会員数は100名あまりとなり，思えば最初から活発で勢いのある学会のスタートであった。1995年に第1回の学会大会を開催して以来2004年の第10回大会まで，年次大会を開催してきたが，1999年と2002年には再びExnerのワークショップおよび特別講演を学会の企画として提供することができた。本書は，この最後の2回のExner来日における本学会でのワークショップと特別講演の記録である。

　学会の企画として，これまでのExnerの記録を本にまとめようと考えたのには主に三つの理由がある。その一つは，Exner自身の事情にある。Exnerは現在，講座や講演などの教育現場からは完全に引退し，IRSでの活動とスイスに

あるロールシャッハ・アーカイブス博物館の館長としての職務に専心されている。お住まいの，アメリカのノースキャロライナ州アシュビルから極東の東京はあまりにも遠く，再びこの日本の地で私たちのリクエストに応えて日本人のロールシャッハ・プロトコルを詳細に解釈して見せてくれるということは期待できなくなった。そのような現実を踏まえると，たびたびの来日でExnerが私たちに残してくれた解釈のお手本や特別講演は，どれもが，ヘルマン・ロールシャッハと現代をつなぐ架け橋となる内容だったことに気づいたのである。第二の理由はそこにある。2005年3月現在JRSCの会員は450名あまりになった。Exnerが残してくれたヘルマン・ロールシャッハと現代の私たちへの架け橋を，目に見える形にして残さなくてはあまりにももったいない。最後の理由は，ヘルマン・ロールシャッハ自身が1920年に自分の患者に施行したロールシャッハの事例を，80年以上経ってからExnerが発掘し，解釈をして現代に甦らせたという大変貴重な経験を残して共有せずにはおけないと考えたからである。当時ヘルマン・ロールシャッハは12枚一組の図版を使っていた。それを現行の10枚にするには無理があるし，ヘルマン・ロールシャッハのロールシャッハ記録は達筆なドイツ語で書かれており，その記録を英語に翻訳するのが一苦労だったようである。本文でExnerも触れているが，ドイツ語から英語に翻訳し，それをさらに日本語に翻訳しているという翻訳のプロセスだけでなく，1920年当時ヘルマン・ロールシャッハが『精神診断学』を完成する以前に試行錯誤しながらロールシャッハ法を編み出す中で残した記録を，現代の包括システムのコードに置き換えるには高度な判断を必要とすることが多かったようである。それらを考慮してもなお，現代に甦るヘルマン・ロールシャッハの「仕立て屋」のうつ病患者のケースは一読の価値がある。

　最後に本書に掲載した構造一覧表について技術的な注釈を加えたい。Exnerが来日した1999年と2002年の間，2000年に構造一覧表の改定があった。そのため，1999年の特別講演（第Ⅲ部）で参照した構造一覧表はExnerの提示した旧バージョンのままで掲載したが，1999年のワークショップで扱ったケース（第Ⅱ部第1章と第2章のケース）は，ほかのケースと同様に現行の構造一覧表に置き換えて提示した。いささかの混乱があるかもしれないが，旧バージ

ョンと最新版の構造一覧表が入り乱れるのを避けたためであり，本書を読み進める上での不都合がないように注釈を適宜入れてある。

　本書が，Exnerの真意を伝える役割を果たし，包括システムの垣根を越えてヘルマン・ロールシャッハの意思を継ぐさまざまな研究者，臨床家，専門家，学生の方々にその真意が届くことを願っている。

2005年3月

包括システムによる日本ロールシャッハ学会

会長　中村紀子

ロールシャッハとエクスナー●目次

刊行によせて ……………………………………… John E. Exner, Jr. 3

まえがき ………………………………………………… 中村　紀子 5

第Ⅰ部
ロールシャッハ・テストの誕生

第1章　ロールシャッハ・テストの起源と黎明期の発展 ………………13

第2章　仕立屋のケース：ヘルマン・ロールシャッハ
　　　　自身によるロールシャッハ・テスト ………………………34

第Ⅱ部
事例研究

第1章　留年した大学生：そのハイラムダの意味 ……………………63

第2章　中年ビジネスマンの自殺を防ぐ ………………………………86

第3章　過食嘔吐を繰り返す事例への治療計画 ………………………118

第Ⅲ部
治療計画

第1章　治療計画におけるロールシャッハの適用 ……………………147

あとがき ………………………………………………… 野村　邦子 173

第Ⅰ部
ロールシャッハ・テストの誕生

[解 題]

　第Ⅰ部では，ヘルマン・ロールシャッハの生い立ちと終生持ち続けた芸術への関心，そして青年期に「クレックス」とニックネームで呼ばれるほど，インクのしみ遊び（クレクソグラフィー）の達人であったことなどが，エクスナーが精魂込めて設立したスイスのロールシャッハ・アーカイブス博物館にある写真を配して親しみを込めて語られている。『精神診断学』の発刊までの慎重にして困難な道のり，さらにこのテストに無限の可能性を抱きながら夭逝したヘルマンの思いもエクスナーの語り口を通して，読者は感じ取ることができるであろう。また本邦初公開となるロールシャッハ自身が検査した「仕立屋のケース」に（ドイツ語から英訳そして和訳というフィルターを通してでも）われわれが直に接する貴重な機会を与えてくれたエクスナーに改めて感謝したい。読者には第Ⅰ部を読み終えて，ヘルマン・ロールシャッハをより身近な人物と感じていただき，是非，スイスのベルンの博物館に一度は足を運んでいただきたいと願うしだいである。

　なお，第1章は第8回包括システムによる日本ロールシャッハ学会大会（2002年5月，順天堂大学有山記念講堂）におけるエクスナーの特別講演の記録である。第2章は同大会のワークショップで扱ったヘルマン・ロールシャッハのケースをエクスナーが解釈した記録である。

第1章
ロールシャッハ・テストの起源と黎明期の発展

　こうしてドクター・ロールシャッハについてお話しできることを大変嬉しく思います。それというのもヘルマン・ロールシャッハという人物は私の専門家としての人生にとって長らく一つのミステリーとなっていたからです。私が初めてロールシャッハ法について学んだときは『精神診断学』を教科書にしていました。でもよくわからない部分がいくつかありましたし，あまり明瞭な記載とも思えない箇所もありました。答えのない問いがたくさんちりばめられていました。当時の私は大学院に進んだばかりだったのですが，これにはずいぶんイライラさせられました。学生の中には「この本は理解できないし，不完全な著作としか思えない」と言う者さえいました。私もあるときスイスから来た私の教授に，同じような不満をぶつけてみました。ところが教授は私をにらみつけて「きちんと読まなかったのではないか」とおっしゃいました。

　確かにロールシャッハ法は一つの重要な臨床手段になりましたが，その発展は必ずしも系統的に進んできたものではありません。このテストは一体何なのか，最善の利用方法はどのようなものなのかといった議論は，年余にわたり繰り広げられてきました。このテストの歴史を顧みても，その論争のあとがくっきりと残っています。振り返ってみると，このテストができあがり，発展してくるもともとのところに多くの問題がありました。それは，ヘルマン・ロールシャッハ自身のテストに対する概念や意図が必ずしも明確でなかったことや，彼の研究の基礎となる概念的あるいは理論的枠組みが必ずしも十分なものではなかったからです。

　ロールシャッハは1884年，チューリッヒ郊外のヴィーデコンに生まれました。家族はロールシャッハが2歳になるとシャフハウゼンに引っ越しました。

第Ⅰ部　ロールシャッハ・テストの誕生

そこはライン川沿いのチューリッヒの北60キロにある町でした。家族が引っ越したのは，父のウルリッヒ（Ulrich）がそこの小中学校の美術の教師として採用されたからでした。ロールシャッハには，1888年生まれの妹のアンナ（Anna），1891年生まれの弟パウル（Paul）という2人の妹弟がいました。母親のフィリピーネ（Philippine）は，ロールシャッハが13歳のときに亡くなっています。その2年後に父は母の妹のレジーナ（Regina）と再婚し，1900年には2人の間に異母妹である同名のレジーナ（Regina）が誕生します。父親はヘルマンが19歳

写真1　家族の写真（中央が少年ヘルマン）

のときに亡くなっています（写真1）。

　1904年，ロールシャッハはシャフハウゼンの州立校を11人中4番の成績で卒業しました。高校での最後の2年間は，彼は学生同士の交流を目的とした組織の一つであるスカフュージア協会のメンバーとなっていました。そこでは会員同士がニックネームで呼び合い親睦をはかるのが慣例になっていました。ロールシャッハはスカフュージアの仲間からクレックス（Klex）と呼ばれていました。このクレックスというのは「インクの汚れ」とか「インクのしみ」という意味の言葉です（写真2）。

　このクレックスというニックネームは，彼の芸術への強い関心ゆえに付けられたものに違いありません。青年になる前から，彼には小さなノートに鉛筆でスケッチをする習慣がありましたし，青年期には精密なインク画を製作しています。このニックネームが選ばれたもう一つのわけは，彼がクレクソグラフィー（Klecksographie）と呼ばれていたインクのしみゲームの達人だったからで

第1章 ロールシャッハ・テストの起源と黎明期の発展

写真2　Klexの文字の見える帽子

す。このゲームは当時ヨーロッパでは親しまれていた遊びで，特に子どもたちに人気がありました。そのゲームにはいくつかのバリエーションがあり，大人たちはそのインクのしみから浮かんだ連想をもとに詩を作ってみたり，なぞかけ絵遊びの素材に用いたりもしていました。子どもたちが学校でこのゲームで遊ぶときは，まず生徒や教師がインクのしみを作り，皆でそれが何に見えるかを説明する競争をしていました。

　ロールシャッハがシャフハウゼンの学校を終えたときに，彼はまだ将来どうするかを決めていませんでした。何人かの先輩に，自分が美術の道に進むべきか，それとも科学をやるべきか相談していたようです。最終的に医学に決めたのですが，彼は生涯にわたって美術への興味を持ち続け，医学校在学中もその後も，たくさんの水彩画を描き続けました。彼のスケッチや絵のほとんどは比較的小さなもので，そのリアリズムと卓越した精密さとが際立った特徴となっています。こうした腕の冴えが，その後ロールシャッハ・テストとして知られることとなる10枚のカードの最終的な製作に多大な影響を与えたことは疑うべくもありません（写真3）。

　当時の医学生は，最初の数学期間いろいろな大学で学ぶのが慣わしでした。この伝統にしたがって，ロールシャッハも最初の学期はニューシャテルの大学で過ごし，それに続く4学期はチューリッヒで過ごしました。1906年から

第Ⅰ部　ロールシャッハ・テストの誕生

写真3　鉛筆，インク，水彩画

　1907年の間の1学期はベルリンで，その後の第2学期はベルンで過ごしています。最後の3学期は再びチューリッヒで過ごし，1909年には専門医学実習を除くすべての基礎履修を終了しました。精神医学を専攻することは，この1，2年前から決めていたようで，1909年にはシャフハウゼンから遠くないコンスタンス湖のほとりにあるミュンスターリンゲン精神病院での研修を開始，1913年までそこにいました。1912年，オイゲン・ブロイラー（Eugen Bleuler）教授の指導で，幻覚に関する学位論文を完成させ，医学博士を授与されます。ご存知のように，ブロイラーは1911年に世界的に有名な『早発性痴呆：統合失調症群（Dementia Praecox：A Group of Schizophrenias）』を著し，初めて統合失調症（schizophrenia）という言葉を用いた人です。

　1910年，ヘルマン・ロールシャッハは，スイスで医学を学んでいたロシア出身のオルガ・ステンペリン（Olga Stempelin）と結婚しました。ロールシャッハは医学の研修中にスイスへ移民してきていた多くのロシアの専門家と親交を持つようになっていました。ロシアの有名な神経学者コンスタンチン・フォン・モナコウ（Constantine von Monakow）には特に強い影響を受け，1905年にはすでにロシア語を勉強し始めていました。ベルリンで学んでいた頃の1906年のはじめ，彼はロシアへ小旅行をし，そこでロシアとその国民に大変感動したようです。1909年，オルガと婚約していた頃，彼はオルガを伴って

カザンにある彼女の実家を訪ねましたが、そこでの滞在によってもロシアへの興味が増しました。2人は結婚し、最終的にはロシアで働こうと決めて、1913年にロシアへ向かいました。そのときロールシャッハはモスクワ近郊のクルコバ・サナトリウムに職を得ていました。

　しかし、彼はそこに7カ月しかおらず、1914年7月にはスイスに戻り、ベルン近郊のバルダウの精神病院で若手精神科医として働き始めました。彼がなぜロシアに短期間しか留まらなかったのかは謎です。いろいろな理由が流布していますが、どれにも確証はありません。ホームシックにかかったのではないかと言う者もいますし、あまりにロシアにコミットし過ぎている自分自身に突然気づき、母国を忘れてしまう懸念に襲われたためだと主張する者もいます。しかしもっとも有力なのは、クルコバ・サナトリウムの仕事に満足していなかったのだという説です。事実、そこでは彼は何一つ関心のある研究を行う機会が与えられなかったのです。またロシアの専門家コミュニティにうまく受け入れられなかったということも言われています。一方、妻オルガは彼と一緒にはスイスに戻りませんでした。むこう6カ月彼女はロシアに留まり、その間ロールシャッハがスイスの精神科医のコミュニティに復職できるよう願いつつ待っていたのです。

　ロールシャッハは1915年の10月までバルダウの精神病院に勤務しました。そこで、先輩の精神科医であったウォルター・モルゲンターラー（Walter Morgenthaler）と大変親しくなりました。彼はロールシャッハの仕事の多くを指導し、さらに彼の宗教の宗派や儀式の研究への興味を刺激しました。ロールシャッハは1915年10月、ヘリザウのクロムバッハ病院での上級スタッフの職を得ました。彼が患者たちにインクブロットを用いた体系的な研究を始めたのは、ここヘリザウにおいてです。1917年の終わりか、1918年の始めのことでした。ロールシャッハが何故インクブロットを用いて人々の性格特徴を探求し、鑑別診断をしようと決断したのかは、十分にはわかっていません。こうした方法自体はオリジナルなものではなかったのですが、彼のアプローチはオリジナルで独自のものでした。

　ロールシャッハが研究を開始するずっと以前にも、インクブロットをテスト

として用いてみようとするいくつかの試みはありました。ビネ（Binet）とアンリ（Henri）は1895年と1896年とに，知能テストを考案する初期の研究としてインクブロット・テストも加えようとしました。この時代の多くの研究者たちがそうであったように，彼らはインクブロットが視覚的な想像力を研究するのに有用であると考えたのです。結局彼らはインクブロットを使うのをやめたのですが，それは集団には用いにくかったことと，スコアリングに関する問題点からでした。さらに米国やヨーロッパでも何人かの研究者が想像力と創造力とを研究するためにインクブロットを用いた論文を出しています。1897年と1898年のディアボーン（Dearborn），1900年のカークパトリック（Kirkpatrick），1911年のライバコフ（Rybakov），1913年と1915年のパイル（Pyle），1914年のウィップル（Whipple），そして1917年のパーソンズ（Parsons）などの論文がそうです。こうした論文がロールシャッハの独創的な研究にどの程度影響を与えたのかは定かでありませんが，彼が本格的な研究を始める以前に，こうした研究のいくつかに触れる機会はあったようです。

ヘリザウの地で始めた彼のリサーチは，実はインクブロットを使った彼の最初の研究ではありませんでした。1910年～1913年のミュンスターリンゲン精神病院での研修医だった頃，シャフハウゼンの州立校のクラスメイトであったコンラッド・ゲーリング（Konrad Gehring）とは親交を深めていました。ゲーリングは，インクブロットを患者に用いようとするロールシャッハの探究心を大いに刺激する重要な役割を果たしました。ゲーリングは当時ミュンスターリンゲン精神病院近くの中等学校の教員をしており，患者たちに合唱を披露するために，よく生徒たちを連れて病院を訪れていました。ゲーリングは生徒たちが一定時間精を出して勉強したなら，クレクソグラフィーで遊んでもよいとしたところ，生徒たちの勉強意欲が上がりクラス運営もうまくことを見出していました。

こうしたことを通じて，ロールシャッハにはある疑問がわいてきました。それは，才能に恵まれた子どもたちは，そうでない者に比べて，インクブロットを見て，より空想や想像に満ちた反応をするのではないかというものです。1911年にはゲーリングと2人で短期の共同研究をしています。これはたった

第1章 ロールシャッハ・テストの起源と黎明期の発展

2，3週間という期間のものでしたが，その方法と結果から，ロールシャッハはこのクレクソグラフィー・ゲームに対して，何らかの可能性を秘めた方法としてますます興味を持つようになりました。そしてその後，彼の患者たちにも施行してみるようになったのです。また，ゲーリングが教えていた思春期の男子生徒と彼が担当していた成人患者とのクレクソグラフィー反応の比較はさらに興味を引くものでした。このようにしてロールシャッハとゲーリングは，短期間ではありましたが，組織的でなく気軽にいろいろなインクブロットを作り，試し続けてみました。残念ながら2人が集めたデータは現存していませんが，そのとき使われたブロットの数枚はロールシャッハのいくつかの論文の中に見つけ出すことができました。それらは今，ベルンのロールシャッハ・アーカイブス博物館（Rorschach Archives and Museum）に展示されています。

ところで，もしこの同じ年にもう一つの出来事が起こっていなければ，このロールシャッハとゲーリングの研究からは何一つ生まれませんでした。それはブロイラー教授の早発性痴呆に関する著書の出版でした。その中でブロイラーは統合失調症について述べました。この統合失調症という概念は，当時の精神医学界の注目を集め，何らかの器質的な影響で生じる他の精神病と統合失調症とをどのようにして鑑別するのかという問いを，重要な課題として提起しました。ロールシャッハは，ブロイラーの診断基準で統合失調症とみなされた患者たちはクレクソグラフィー・ゲームで他の障害の患者とはまったく違った反応をすると記しています。彼はこのことを地域の精神科医の研究会で短報として報告しましたが，彼のこの所見に関心が払われることはほとんどありませんでした。そのようなわけで，彼はその後数年間，これを追試しなくなってしまいました。

その6年後のことでしたが，以下に述べる二つの要因が重なって，ロールシャッハには，前よりも注意深く患者にクレクソグラフィー・ゲームを施行しようという新たな興味がわいてきたようです。当時ロールシャッハはヘリザウのクロムバッハ病院にいました。ロールシャッハはそこで大いに刺激を受けたものの，一方では自分が何に力を注いでいいのかわからずにいました。これが1

第Ⅰ部　ロールシャッハ・テストの誕生

番目の要因です。その病院はオーストリアとの国境近くにあり，ロールシャッハがそこにやってくる2，3年前に建て替えられていました。郊外の丘の頂上に12棟からなる大きな別棟が円環状に取り巻くスタイルの病院でした。当時約300人の患者がいて，精神科医は2名のみで研修医はいませんでした。ソーシャルワーカーや秘書などもおらず，重労働を強いられていました。知的環境としても，ドイツ語を話す他のスイスの大学関連の診療所や病院に比べて劣悪なものでした。バーゼルのフリードマット，ベルン近郊のバルダウ，チューリッヒのブルグヘルツリ・クリニックといったところは教育研修，研究など知的な刺激に満ち溢れていることで名を馳せていましたが，クロムバッハにいたロールシャッハには，自身の興味や創造性を発揮する道を見出すのが大変困難だったわけです。看護師のために講義を行ったり，患者とスタッフ一緒になっての演劇のような催しを組織するなど，患者の相互交流が盛んになるようないろいろな方策を編み出しました。1918年からは1年の契約で毎年1人の研修医が加わりました。これらの研修医のうちの2人はロールシャッハの研究に大変興味を示しています。1人は1919年に在籍したゲオルグ・レーマー（Georg Roemer），もう1人は1920年に働いていたハンス・ベーン・エッシェンブルク（Hans Behn-Eshenburg）です。最終的に2人はより広範囲にわたってロールシャッハの方法を取り入れようとしました。

　2番目の要因は，ブロイラーの生徒の1人のツィモンド・ヘンス（Syzmond Hens）が1917年に学位論文を発表したことです。これは，ロールシャッハにインクブロットについての初期の思案の再検討をさせることになったより重要な要因です。ヘンスは8枚の一連のインクブロットを作り，それらを1,000人の子ども，100人の非患者，そして100人の精神病患者に集団法で施行しました。彼の理論上の焦点は，これら3群における反応内容の異同に当てられ，反応内容の分類が診断的に有用であろうと示唆しました。ブロイラー教授が熱心にヘンスの研究を支持したことは，間違いなくロールシャッハを不快にさせました。なぜならその6年も前に，ロールシャッハはインクブロットが統合失調症の鑑別に有用であろうとブロイラーに進言したのに，そのときにはブロイラーは見向きもしなかったからです。

第1章　ロールシャッハ・テストの起源と黎明期の発展

　ロールシャッハのインクブロット使用に関する理論は，想像力を研究するためのものと考えていたヘンスや他の研究者たちのものとはまったく異なったものでした。彼は多くの知覚に関する文献に親しんでおり，アッハ（Ach），マッハ（Mach），レーツェ（Loetze）の諸概念，とりわけ統覚の集合（apperceptive mass）という概念にはずっと関心を持ち続けていたようです。ロールシャッハは統合失調症の知覚プロセスにはいくばくかの障害があり，それゆえにクレクソグラフィー・ゲームには他のものとは違った結果が出るのだという仮説を持っていました。このようにして彼は1917年にはより体系的に研究を始めたのです。その前提となる仮説は，「これは何に見えますか？（What might this be?）」という質問をしたときに，特に統合失調症では，インクブロットに対する反応が他の患者のものとは違ったものになるだろうというものでした。

　実のところ，この「これは何に見えますか？」という基本的なインストラクションはだんだんとできあがってきたもののようです。彼はこの実験のために少なくとも40枚のインクブロットを作成しました。当初は，15枚のブロットを組み合わせて用いていました。はじめは，「これはあなたには何のように見えますか？（What does this look like to you?）」と質問していました。しかしパイロット・スタディを進めていくうちに，この質問は「ここに何が見えますか？（What do you see here?）」となり，おおよそ1918年頃には，「これは何に見えますか？（What might this be?）」に落ち着きました。テスト開始前に他のどのようなインストラクションや説明がなされていたかは不明ですが，おそらく彼はクレクソグラフィー・ゲームのことに触れていたか，少なくともインクブロットでできた図版であることは伝えていたようです。何人かの対象には，どのようにしてインクブロットができたのかも説明しました。

　しかしながら次に起きたことの理由は不明のままです。1918年の中頃までに，ロールシャッハはいろいろな図版の組み合わせを試したあげく，単純なインクブロットを使うのをやめました。こうした決定に至った理由について彼は多くは書いていません。しかしその理由を書かなかったために，さらに彼のモノグラフ『精神診断学』の中で，図版を「装置（apparatus）」と記していたこ

21

第Ⅰ部　ロールシャッハ・テストの誕生

ともあって，それまでテストに用いられていた図版の大半があいまいなインクブロットだったというふうに多くの者が思い込んでしまいました。しかしこれは真実ではありません。テストに使われているどの図の中にも多くの人に馴染みのある形状が含まれているのです。それにもかかわらず，テストができあがって何十年も後になっても，テストを研究に使おうとする者の多くがいまだにこの図のあいまいさについて強調してしまう傾向があります。

　おそらくこれにはいくつかのわけがあります。ロールシャッハがこの実験について書き始めた頃，いくつかの箇所を書き換えたり縮めたりしたのです。ロールシャッハは『精神診断学』の中で，「あいまいな形を自由に作るのはとても簡単である。2，3滴を紙にたらし，それを閉じる。そうするとインクは二つ折りの紙の間に拡がるのである（15ページ）」と記しています。この表現からは，確かに図版はあいまいなものだとの印象を受けると思われます。しかしながら，モノグラフのその続きでは，彼はインクブロット（クレックス）という言葉を使うのをやめ，それらを絵（bilder），図版（tafeln）あるいは図（figurs）と呼ぶようになりました。さらに「それらすべてがそのようにしてできたものではない。それらはある条件を満たしていなければならないのだ……形は大体において単純なものであるべきだが，……それらはある構成上の必要条件を満たしているか，多くの被検者が『ただのインクのしみ……』などといって反応を拒否する結果に終わらないようなものである必要がある（15ページ）」と述べています。

　モノグラフに馴染みのある多くの人は，ロールシャッハは，作成したたくさんのインクブロットの中からテスト用の図版を数枚選んだのだと考えているかもしれません。しかし，この仮説は誤りだと思います。ロールシャッハはほとんどの場合，薄葉紙（tissue paper）を用いてインクブロットを作りました。その多くは，1998年と1999年，息子のバディム（Wadim）と娘のエリザベス（Elisabeth）からの寄贈で，他の論文や，プロトコル，表，往復書簡，そして挿絵などと共にロールシャッハ・アーカイブス博物館に収められています。15枚〜20枚にわたる薄葉紙で作ったブロットの中には，出版された図版に似通ったものがいくつかあります。しかしこれらのどれにも，現在用いられている

第 1 章　ロールシャッハ・テストの起源と黎明期の発展

図版に見られるような精密な箇所はありません。確かに，その薄葉紙のブロットの7，8枚は，ちょっと見ると出版されたものと大変似通っています。しかし，よく見ると出版されたものの方がかなり精密にできています。

　ロールシャッハがインクブロット中により精密な部分を作るために見つけた方法には，いくつかの可能性が考えられます。しかし，もっとも可能性が高いのは，ロールシャッハがその豊かな芸術的才能を発揮して，自ら筆を執って精密な部分を描き装飾を加え，さらにはいくつかの色を添えたことです。そうすることで，原図にあるような形や色合いができあがったのです。つまり，図版に多くの明確な形状を与えることによって，その人の記憶の痕跡として蓄えられた諸対象と近似なものを見出しやすくしているのです。これはロールシャッハにとって大変に重要なことでした。彼のもともとの着想が形態の正確な知覚を調べたいというものだったからです。

　ロールシャッハは質問の仕方についてもきちんと書きませんでした。そのため，彼の仕事を広めていこうとした人々に，いくばくかの混乱を招いてしまいました。『精神診断学』の中では質問の仕方についてほとんど触れられていません。16ページには，「大事な点は，実験はできるだけその連想に影響がでないようになされるべきだ」と記されています。この記述は明らかに，すべての図版の反応が終わるまで質問がなされるべきではないということを示唆しています。他では（26ページ），FとMの区別の仕方について以下のように述べています。「テストが完了するまで質問は控えねばならない。そうでないと運動反応を引き出しやすくしてしまう」。さらには，「あまり知的でない人や抵抗を示す人には，注意深く質問をしないとヒントを与えてしまう……質問によってFなのかMなのかがはっきりするのである」と書いています。

　実際，ロールシャッハの初期のパイロット・スタディや，より体系的にデータを集め出した頃には，彼はあまり質問をしていません。1918年および1919年の初期には，彼は主に領域についてしか質問をしませんでした。これはおそらく，当時ロールシャッハがもっぱら形態の適切な使用に関心を向けていたからです。加えて，彼が図版の中に含めた明確な形に対する被検者の印象が妥当

第Ⅰ部　ロールシャッハ・テストの誕生

性のあるものかどうかを決定しようとしたのです。各図版のさまざまな部分への仔細な反応頻度表を記録し出したのもこの頃です。

　1919年から1920年にかけてプロトコルを集積し始めるにしたがい，明らかに質問の量が増えていることがわかります。この時期のプロトコルでは，現在われわれが被検者からの付加的情報を得るための「鍵（キーワード）」とみなしている言葉について，よく質問しています。人間運動反応や色彩が用いられていると推定される場合には，よくこのようなことがなされています。この時期に質問の量が増えたのは，ここに至って彼が人間運動反応や色彩反応の多さと被検者のパーソナリティや行動の明確な特徴とが関係することを発見したからなのです。

　1920年の中頃には，一般的に見られる対象に稀な特徴が付け加わったときにも質問するようになっています。たとえば1920年には，図版Ⅶで平凡人間反応を出し，頭に角を持ったと述べた被検者に対して，この「角」について質問しています。そして，その被検者が角ゆえにその人物像を邪悪な悪魔とみなしていることを見出しています。

　ロールシャッハは1918年から1919年初頭にかけては少なくとも15枚の図版を用いていました。しかしそれらによる研究結果を見直した後，12枚に減らしました。そしてある事情でさらにそのうち2枚を削るまでは，これら12枚で施行し続けました。この頃，ロールシャッハは友人であり同僚であったモルゲンターラーと頻回に接触したり，自分の研究についての三つの短報を専門家の集まりで発表したりしています。ブロイラーを含む他の同僚たちはロールシャッハの研究に興味を示し，診断的な可能性を秘めているものとみなしました。何人かは追試のために彼が使用した図版を貸して欲しいと懇願し，多くの同僚も，誰でもが彼の方法を学べるようにその考察を一つの形として出版してはどうかと勧めました。こうした反響を受け，ロールシャッハはその知見を仔細に盛り込んだ著書を出版したいという強い希望を持つに至ります。

　彼は，自分が用いてきた図版が標準版として出回り，彼の研究に興味を示してくれた多くの同僚がそれらを使用できるようになることを願いました。それまでに分析してきたデータ，とりわけ統合失調症を同定する上で診断的に有用であることを示すデータには自信を持っていました。また，研究の過程で，特

定の種類の反応，すなわち主に運動反応と色彩反応が，ある明確な心理的・行動的特徴と関連していることを見出していました。このように，彼の考えでは，この方法は診断的可能性と同時に，個人のある性質を探る可能性を秘めたものとなっていたのです。個人のある性質とは，現代心理学で言うところのパーソナリティ特性や行動傾向あるいはスタイルに相当します。彼が真剣に「体験型（erlebnistypus）」の概念の発展に取り組み始めたのもこの頃でした。そして，さまざまな反応の頻度とパーソナリティあるいは行動特性との関連により関心を払うようになりました。

　1919年の春，11名の会員からなる新スイス精神分析協会が設立されました。ロールシャッハが自分の知見を概念化するに当たって，この精神分析協会設立が果たした役割は疑いもなく重要です。チューリッヒの有名な精神科医であったエミール・オーベルホルツァー（Emil Oberholzer）が協会の会長に選ばれ，ロールシャッハは副会長に選ばれたのです。

　その後の2年間，ロールシャッハは協会の活動に積極的に関わり，しばしば会合を持ちました。このグループにはフロイトの後継者が見出した諸概念について極端に信奉するようなところがあったり，どちらかというと保守的な見地から精神分析に取り組もうとする傾向がありました。意識および無意識の表象については大変に興味を持ち，心的過程の力動的相互作用にも非常に関心を持っていました。このスイス精神分析協会がロールシャッハに影響を与えた最たるものとして注目されるのは，彼が1922年の協会の会合で発表を目論んで執筆していた論文の中にあるいくつかの概念です。その論文はロールシャッハの死後，1923年にオーベルホルツァーによって出版され，最終的には『精神診断学』に補遺として加えられています。

　1919年の夏から秋にかけて，ロールシャッハは自分の研究を本にしようと2，3の出版社を当たりましたが，そこで重大な障害に出くわします。その複雑さとコストを理由に，各社はおしなべてインクブロットの印刷に難色を示しました。ある出版社は大変に興味を示したものの，図版は1枚だけにして欲しいと言い，他の出版社は記述部分を載せることに賛成してくれたものの，図版は6枚にするという条件を付けてきました。ロールシャッハはいずれも断り，

研究のサンプルを増やし続けました。

　ここでモルゲンターラーがロールシャッハのために一肌脱いでくれたのです。モルゲンターラーはバルダウの病院に上級医師として勤務するかたわら，医学書を専門に出版していたチューリッヒのエルンスト・バーチャー（Ernst Bircher）社の編集顧問もしていました。モルゲンターラーはすでに精神医学関連のシリーズものをバーチャー社から出す話をまとめていました。またモルゲンターラーはそのときちょうど，このシリーズに2冊の本を加える作業をしているところでした。このシリーズの最初の出版は，ベルフリ（Wolfli）と名づけられた妄想型統合失調症患者について書かれたモルゲンターラー自身によるものでした。この本は1921年に出版され好評を博しました。それは，一つはこの患者の暴力と常軌を逸した性行動のヒストリーゆえですが，評判の主たる理由は，当時では印刷が難しいとされたきわめて込み入ったベルフリの挿絵をその本の中に載せていたことでした。ベルフリの作品は，今日なお野蛮な芸術の例として引用され続けています。

　ベルフリの作品を印刷するに当たってのバーチャー氏とのやりとりで，モルゲンターラーは，彼ならロールシャッハが作ったインクブロットを印刷するという問題を難なく成し遂げてくれるだろうと確信しました。こうしたわけで，1919年末，モルゲンターラーはバーチャー氏に，すでに契約済みの精神医学叢書の一つとしてロールシャッハのモノグラフを出版するように強く働きかけました。多少の躊躇はあったものの，バーチャー氏はこれを承諾しました。しかし，いくつかの妥協が必要とされました。バーチャー氏は10枚以上の図版は勘弁してくれと言い，さらにはロールシャッハが実際に用いていたものは大き過ぎると注文を付けました。当然いくばくかの不満はありましたが，ロールシャッハは図版のサイズを6分の1にすることに同意しました（写真4）。

　図版を10枚にすることに対してロールシャッハが果たしてどれほど憤慨したのかは明らかではありません。彼はずっと12枚のカードでテストを取り続けていましたが，1919年の同僚への書簡の中に，少なくとももう一つの10枚のパラレルなセットがあるならば，10枚の図版で結局のところよいのかもしれないと述べています。こうしたことから，バーチャー氏がロールシャッハに

第1章　ロールシャッハ・テストの起源と黎明期の発展

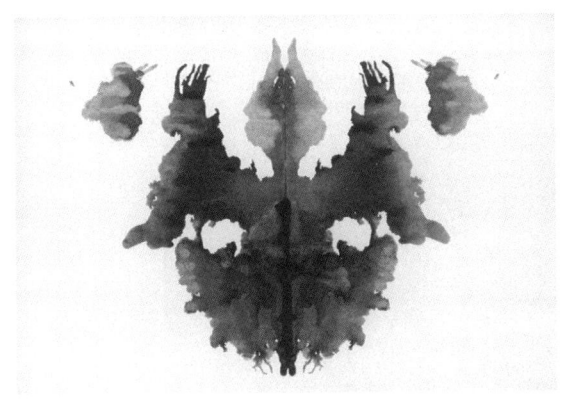

写真4　その他のいくつかの図版

意を決するように申し出た結果，10枚のカードでも今まで蓄積してきた所見が裏付けられるようにデータを調べ直し始めたことがうかがわれます。彼はそれまで使っていた12枚の図版のうちのカードⅣとカードⅧの2枚を外すことにしたのです。しかし，最終稿の期限であった1920年に入ってもなお，ロールシャッハはそこにもう1枚だけでも加えてくれないかと懇願しています。

　最終稿ができあがった後の1920年7月，経済的な理由から，ロールシャッハはページ数を60ページ以下に抑えるように強いられます。しかしもっと重大な問題が，図版の試し刷りができあがったときに発生しました。バーチャー社の印刷機でできた試し刷りでは，いくつかの色彩が元来のものと違っていた

第Ⅰ部　ロールシャッハ・テストの誕生

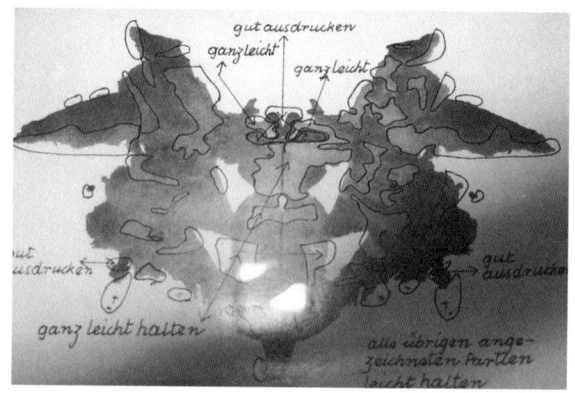

写真5　カードⅠの校正

のです。特にカードⅧとⅨがそうでした。これにロールシャッハは腹を立てました。加えて無彩色図版の灰色と黒の濃淡が原版とは大きく異なった出来になっていました。ロールシャッハ・テストの原版（Ⅳ，Ⅴ，Ⅵ）にはほとんど濃淡がありませんでしたが，それらの印刷過程で大変強い色調のコントラストができてしまっていたのです。ロールシャッハは試し刷りに自分自身の手でいくつかの変更を加えることにしました。そのことはバーチャー氏を苛立たせました。最終的にはロールシャッハはこれらの「偶発事故」を新しい可能性を秘めた出来事として受け入れるに至りますが，この事態が発生したときには明らかに落胆したようです。すべての図版の試し刷りは，少なくとも2回行われ，少なくとも4枚が新しく作られました（写真5）。最終的には1920年の10月に，バーチャー氏はロールシャッハに宛てて次のように書いています。「もはや偶発事故について変更を加えることはできなくなりました。印刷コストがあまりにもかかり過ぎるからです」

　このモノグラフのタイトルについても論議がありました。ロールシャッハ自身が選んだタイトルは，「知覚診断的実験の方法と結果：不定形態の解釈について（Methods and Results of a Perceptual-Diagnostic Experiment：Interpretation of Arbitrary Form）」というものでした。1920年夏，モルゲンターラーはそのタイトルについて以下のような手紙をロールシャッハに送っています。

この際ですので，あなたの研究のタイトルについてひとこと申し上げたいと思います。それはあまりにも控えめ過ぎると思うのです。あなたの研究は単なる知覚診断についての研究以上のものであり，「ただの実験」といった類のものを超えていると思うのです。ですから，メインのタイトルはたとえば"精神診断学（Psychodiagnostik：大文字で）"とかそういったものとし，……副題でたとえば，不定形態の解釈とか，不定形態の解釈による実験的研究とでもした方がよいと思います。

　ロールシャッハは彼の勧めには乗り気がせず，しばし考えて以下のようにモルゲンターラーに返事を送っています。

　さてタイトルのことですが，それは控えめといったことではなく，そのタイトルについての私の責任について物語っています。これについては長いこと考えに考えましたが……しかしながら最終的にしっくりくるものがこれ以上思いつかなかったのです。疾患やパーソナリティの診断を意味する"精神診断学"という表現は，私には行き過ぎの感がするのです……，今後もし統制された研究がなされ，一つの基準が得られたならば，そうしたタイトルを付けることにやぶさかではありません。しかし，現時点ではやはりあまりに仰々しい感じがするのです……，ですからタイトルはそのままでお願いしたいと思います。

　こうしたロールシャッハの返事によってこの事態に終止符が打たれることはありませんでした。その後の数日間，モルゲンターラーは，その著書を売り込むにはもとのままでは大変に難しいことを強調し，タイトルの変更を強く迫り続けました。その月の終わりには，ロールシャッハは「あまり気が進みませんが，あなたの意見に押されてしまいました。お任せします」と，不本意ながらしたがうことを表明しています（写真6）。

　その原稿は最終的に1921年の9月に出版されました。その所見の大半はす

第Ⅰ部　ロールシャッハ・テストの誕生

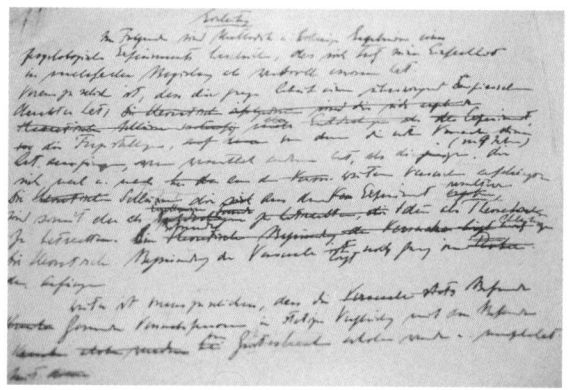

写真6　『精神診断学』の草稿

でに集められていた405人の対象者からのもので，そのうちの117人の非患者群は「教育年数の長いもの」と「教育年数の少ないもの」とに分けられています。また188人の統合失調症も含まれ，彼の独自の仮説である統合失調症の知覚障害の検討はこの群を基になされています。1911年にふとしたきっかけからロールシャッハが観察したように，これらの統合失調症群では図版に他の群とまったく異なった反応をしたのでした。

　反応内容については取り上げないかあるいは最小限にしたいというロールシャッハの趣旨が生かされました。それにかわって，反応をいくつかの異なる特徴から分類していくための形式が作り上げられました。彼は，主にウェルトハイマー（Wertheimer）などのゲシュタルト心理学者の研究を下地にして，反応特徴を区別するため一連のコードを作り出しました。全体のブロットへの反応Wや大部分反応Dなど，ブロットの領域を示す一連のコードあるいはスコアなどです。ブロットの特徴に関する二つ目のコードは，形態を示すF，色彩反応を示すC，そして人間の運動のイメージを示すMといった，主に被検者のイメージを弁別するためのものでした。3番目は，人間を示すH，動物を示すA，解剖のAnなど，反応内容を分類するための一連のコードでした。

　ロールシャッハはそれらの所見があくまでも予備的なものであることを警告し，さらなる実験の積み重ねが重要であることを強調しました。ロールシャッハがこの方法についてさらなるリサーチを目指していたことは明らかです。そ

して続く数カ月間，精力的にその研究に没頭しました。しかし，衝撃的な悲劇が起きました。1922年4月1日，およそ1週間の腹痛に苦しんだ後，ロールシャッハはヘリザウの病院に緊急入院しました。そして翌朝，急性の腹膜炎にて急逝したのでした。彼はクレクソグラフィー・ゲームの研究に，たったの4年間しか熱中できませんでした。もしも命を取り留め，さらに研究を続けていたなら，このテストの性格もその発展の方向もその時点のものとは随分異なっていたかもしれません。『精神診断学』が出版された後，自分の研究に対する周囲の無関心さに，ロールシャッハは明らかに落胆しました。スイスのどの精神医学雑誌も『精神診断学』を取り上げることはなく，他のヨーロッパの精神医学雑誌もわずかにそのサマリーしか掲載しませんでした。モノグラフは出版社にとっても資金面での災難でした。ロールシャッハが他界するまでにたった2，3冊しか売れず，ヘルマンの妻オルガによれば，その印税は当時のたった25スイス・フラン（約5米国ドル）でした。ロールシャッハの死去からほどなくしてバーチャー社は傾き始めました。幸いなことに，その後のオークションで，バーチャー社の製品は彼のモノグラフと10枚のカードを含めて，出版社として評価の高いベルンのハンス・ヒューバー出版（Verlag Hans Huber）に落札されました。

　ヒューバー社の出版物に対する高い評判とモノグラフへのいくつかの好意的評価によって，ロールシャッハ・テストの研究をさらに推進してみようという気運が高まりました。このとき，1919年にロールシャッハと共に働いていた研修医の1人ゲオルグ・レーマーは，ドイツで自身の手になるインクブロットのシリーズを作り，それについてのいくつかの論文も発表していました。また，1920年にクロムバッハ病院でロールシャッハと仕事をしていたもう1人の研修医ハンス・ベーン・エッシェンブルグも，ロールシャッハが学位論文のために製作したパラレルな図版のセットを1921年に用いていました。彼の研究では子どもの反応に重点が置かれていました。さらにオーベルホルツァーとモルゲンターラーの2人も，ロールシャッハ・テストを用いる方法を教え始めました。

　しかしながら，印刷でできた図版とロールシャッハがもともと使っていたも

のとはいくらか異なっていたということもあって，ロールシャッハの亡き後，彼の研究を続け，彼の概念について十分に理解しようとする試みに重大な問題点が生じることになりました。ロールシャッハが他界した時点で，彼が考えたいくつかの事柄が改変されてしまったことは疑う余地はありません。

　もしロールシャッハがより長く生きていたなら，おそらくは『精神診断学』の第二版を出し，初版本で示唆されていた多くの情報の断片が拡張され，改訂されていたことでしょう。ロールシャッハは，最終的に選んだ図版のいくつかの分類について，まだかなり改良の余地があると感じていたようです。特に，誰もがよく知っている対象に似ている特徴を，容易にそれとわかるように図版に含ませたいとの熱意を持っていたようです。当時ははっきりと述べていませんでしたが，ブロットのいろいろな部分を作るに当たって，一定の形を含めるという原則を用いていたことは明白です。

　さらに，モノグラフの中ではっきりと示唆していることですが，ロールシャッハはいろいろなレベルの複雑さを持った図版作成を目論んでいました。12枚のブロットを用いていた頃は，4枚はほどよくまとまったもの，他の4枚はややばらけたもの，そして残りの4枚はかなりばらけたものというように意図して図版を作っていたのはほぼ間違いありません。おそらくこうすることで，知能のレベル，あるいは少なくとも教育の程度を見分けることができるのではないかと試みたようです。しかし次第に，心理的に複雑な個人の方がばらばらな図版に興味を示し，教育年数が少ないような個人はあまりこうした図版に興味を示さないということがわかり始めました。

　ロールシャッハがブロットの濃淡や陰影の特徴に由来した反応を記号化することにかなり腐心するようになっていたことも，間違いないと思います。実際，後にオーベルホルツァーによって出版されたロールシャッハの遺作論文の中では，（C）という新しい記号について触れられています。これは反応の説明の中の濃淡あるいは陰影についての言及を抽出しようとしたものです。さらに，『精神診断学』の改訂版では，今日われわれが投映と呼んでいる現象についてもより強調しようと思っていたようです。その遺作によれば，1923年，彼はスイス精神分析協会での発表に向けて，「私はこのテストの一つの新しい視点

についてお伝えしたく思います。それは精神分析にとって大変重要な視座となることでしょう」と述べています。この論文の中で彼は，M反応は「無意識のことがらを白日のもとに置く」ものであると述べています。また受動的なMと能動的なMについても仔細に考察を加え，前者は不全感や自己不信感の表れではないかとしています。同時に，抽象的な反応はカードの視覚的現実を無視することで生じ，それらのほとんどにはその人が抑圧していることに関する情報が表されているだろうと論じています。

　残念ながら，ロールシャッハがもっと生きていたならどのようなことが成し遂げられたかはわかりません。しかし，彼の論文や書簡を通していくつかの新事実が研究され翻訳され続けられてこなければ，ロールシャッハの研究の多くの側面や多くの概念は，彼の考えていたことをわずかにほのめかすものとしてしか残らず，謎はそのままになってしまったことでしょう。

第Ⅰ部　ロールシャッハ・テストの誕生

第2章
仕立屋のケース
：ヘルマン・ロールシャッハ自身によるロールシャッハ・テスト

1．生活歴[注]

　36歳の男性入院患者。1920年にロールシャッハが自分でこの患者の検査を行った。検査が実施されたのは、入院後約2週間のときだった。現在の症状は重度の抑うつ状態であり、妻や友人と話しているときに涙を流したり泣き叫ぶというエピソードがしばしば見られた。不眠を訴えているが、妻によれば、彼はよく夜中に家の中を行ったり来たりしていたという。約4カ月前、会計結果から商売がひどい赤字の状態にあることを知り、彼は平常心を失って取り乱してしまった。

　彼は仕立屋であり、地方の信徒代表委員会のメンバーであった。小さな洋品店を営んでおり、従業員が1人いた。7年間というもの店はかなり繁盛していたのに、去年はまるで駄目になってしまった。彼は商売がうまくいかなくなったのは、大戦後の長引く不況に加え、原材料費が値上がりしたためだと考えている。結婚して12年になる。妻は29歳で、7歳の男の子と5歳の女の子がいる。彼自身は同胞3人中の真ん中で、実家は農園を営んでいた。約9年間の教育を終えた後、15歳のときに仕立屋の見習いになった。彼の父親は2年前に亡くなり、農園は長兄が継いだ。

　入院期間中はよく眠れたようだし、病院での治療や援助は功を奏したようだった。彼は自分ではもう退院して仕事に戻れると考えている。店の商品をうまくさばくための新しい方法はすでに頭の中にあるという。入院している間は店

注）この生活歴とプロトコルは、手書きのメモとタイプライターで打ったプロトコルを翻訳して作ったものである。ただし、メモにはところどころ不明瞭な部分があり、タイプされたものの中には解読困難な略語がいくつか含まれていた。そのため、細かい点までは翻訳できていない。（エクスナー）

第 2 章　仕立屋のケース

をずっと閉めてあったので，彼は家族や雇用人の暮らしを気にし，できるだけ早く仕事を再開することが大事だと考えている。

　テストをした理由については記されていないが，ロールシャッハが取った何人かの入院患者のデータの中には，このテスト（12枚のカード）の記録が含まれていた。ここでは，標準化された計算ができるように，12枚のうちの2枚のカードに対する反応はプロトコルから除いてある。

カード		反　　　応	質問段階
Ⅰ	1	羽のある動物のようです。	E：（被検者の反応を繰り返す。以下省略） S：夜になると飛ぶんです。たいてい森や農家に住んでいて，こんな大きな羽が出てて，胴は真ん中。聞くところでは，教会の塔にも住んでいるらしいですよ。
	2	真ん中は人の身体のようです。	S：頭は見えませんが，後ろに反らせているのかもしれません。足とお尻，おそらくこれは女性でしょうね，そんな形をしています。頭を反らせて立っています。
	<3	これは（D2）耳の大きな動物のようです。	S：足がこれで，頭で，これが大きな耳で，何の動物かわかりませんが，耳が大きいんですね。
Ⅱ	4	2人の男の人が手を合わせているところ。	S：2人は，この火（D3）のそばにしゃがんでいるようです。黒のコートを着ていて，火の明かりのせいで，彼らの頭（D2）が赤く見えます。火のそばに集まって，暖をとっているようです。
	5	2匹の動物が戦っているようにも見えます。	S：どんな種類の動物かはわからないのですが，おそらく森にいるような大きな動物です。戦っているように見えるのは，この赤いのが頭に血が付いているように見えますし，足にも血が付いていて，2匹

第Ⅰ部　ロールシャッハ・テストの誕生

カード	反　　応	質問段階
Ⅲ　6	黒い部分は，二つのガイコツがお辞儀をしているようです。	のクマが何かのために戦っているのでしょう。 S：ガイコツは動かないですから，これはバカみたいな話ですが，この描き方は，お辞儀をしているように見えたんですね。腰を曲げていて，頭で，手を伸ばしていて，足です。この部分（D7）は見ていません。
7	この赤い部分（D2）とこれ（D3）は，血のようです。	S：最初に見たときには，ガイコツの血の痕かと思ったんですが，それもバカな話だなと思って。 E：そのように見えたのを教えて下さい。 S：赤が目に入ったとき，血以外のもので思いつかなかったんです。そしてガイコツに結び付けたんですが，それはあり得ないと思って，それで見えたものをそのまま申し上げたんです。
Ⅳ　8	［このカードは当時の施行で5番目に提示された］最初の印象は，何かの動物の毛皮がはがされて，乾燥するように広がっているようです。	S：何か大きな動物の毛皮のように思いました。はがされて広げられているんです。 E：毛皮の印象を持たれたのを教えて下さい。 S：灰色の色合いの違いからそのように見えたんです。何か動物にしてもとても大きな足です。
Ⅴ 9	何か二つのもののような印象を受けますが，少なくとも二つの何かの頭のようです。動物です。	S：動物の頭なのか，二つの動物の仮面なのかまったくわかりません。砂漠の動物を思い起こしますが，同時にヤギの頭のようでもあります。はっきりしません。長い鼻があって，鼻と小さな額を考え合わせると，2匹の動物の仮面ですね。

第2章　仕立屋のケース

カード	反　　応	質問段階
Ⅴ　10	［このカードは当時の施行では6番目に提示された］チョウが飛んでいるようですが，色が違います。チョウはこんな色はしていないと思います。	S：大きな羽があって，小さな身体。これは本物のチョウではありません。色のせいで，むしろシルエットとか黒インクでチョウに見えるように描いた漫画のようですね。
Ⅵ　11	［このカードは当時の施行では7番目に提示された］また，何かの動物の毛皮のようです。	S：頭はありませんが，しっぽはまだあって，胴体からはがして広げて乾かしているのか，毛皮の価値を決めるために広げてあるのでしょう。 E：そのように見えたのを説明して下さい。 S：灰色の色合いの違いが毛皮に見えて，相当価値のあるものに見えたんです。
∨　12	この真ん中は（D5）上から下までヘビに見えます。	S：真ん中全部です。逆にするとこの上が（Dd23）ヘビの頭になって，残りが体になります。
Ⅶ　13	［このカードは当時の施行では8番目に提示された］上の部分はウサギの頭のようです。	S：口で，目です。下の部分（D4）は入れてません。そうでなければくっついてしまいます。上の部分だけです。小さなしっぽがあって，大きな耳があって，鼻。これは2匹のウサギの絵画のようです。それほど精密ではありませんし，生き生きしていませんが印象ははっきりしています。
∨　14	2人の女の人が踊っています。	S：背中合わせで，頭を後ろに傾けて，踊りながらもう少しで接触しそうです。片足しか見えませんが，腕は伸ばして，くるくる回りそうにしていて，髪の毛は頭の上に高くなっています。2人の顔の特徴ははっきりしませんが，それはたぶんくるくる回っているからでしょ

第Ⅰ部　ロールシャッハ・テストの誕生

カード		反　応	質問段階
Ⅷ	15	[このカードは当時の施行では10番目に提示された] 両側のはまた動物のようです。	う。それで顔の表情がはっきりわからないんだと思います。 S：何の動物かはわかりませんが，足で頭で体。
	16	上の部分（D4）は鳥のようです。ワシが岩の上に（D5）立っています。羽が広がっています。	S：羽が両方に広がっていて，小さな足が見えていて，ちょうど岩の上に立っているようです。おそらくちょうど着地したか，あるいは飛び立つ準備をしているのでしょう。
	17	別の見方をすれば，これ（D5）がチョウの印象です。太陽で色づいた大きな岩の上でチョウが舞っています。	S：大きな羽が広がっていて，チョウがよくやるように空に舞っています。下は岩です。太陽の光で岩がいろんな色に色づくことがあるでしょう。あざやかに色づいています。
Ⅸ	18	[このカードは当時の施行では12番目に提示された] 2匹の動物の顔のようです。反対向きになっています。	S：これ（Dd24）が鼻で，白い部分（DdS29）が目で，おそらくこの下です。オレンジ色の部分は見ていません。頭だけで，鼻で，おそらくイヌの頭かもしれません。
∨	19	ピンク部分を除くと残りは羽のある虫のように見えます。	S：とても小さな体で（D5），大きな色とりどりの羽です。こんな形や色をしているチョウがいるかどうかはわかりませんが，ある画家が念入りに色を付けて虫かチョウを描いたのだと思います。
Ⅹ	20	[このカードは当時の施行では11番目に提示された] 青いのは，足のたくさんある虫です。	S：種類はわかりません。クモでもないし，クモは青くはないですからね。でもクモはこれと似たようなたくさんの足があります。両側に一つずつ。でも，この二つは関係ありません。おそらく絵描きの空想で，青いクモか何かを表そうと

カード	反　応	質問段階
21	ピンクの部分は（D9）妖精のようです。	したのでしょう。本物とは見えません。でも世界のどこかにはこんな生き物がいるかもしれないとも思います。 S：2人の妖精がお互い見ています。最初に見たときには，頭が灰色なのでケガをしているのかと思ったのですが，それは取り下げました。おそらく何か変わった帽子をかぶっていて，それがぶつかっているのだと思いました。そうすれば灰色でもいいわけです。身体ははっきりしませんが，細くて長いですね。でも顔はかなりはっきりしています。おでこと鼻と。お互いに見ていて，灰色も入れるとお互いに寄りかかって互いの帽子が軽くぶつかっています。

第Ⅰ部　ロールシャッハ・テストの誕生

スコアの継列

Card	Resp. No.	Location and DQ	Loc. No.	Determinant(s) and Form Quality	(2)	Content(s)	Pop	Z-Score	Special Scores
Ⅰ	1	Wo	1	Fo		A		1.0	DR
	2	Do	4	Mpo		H			GHR
	3	Do	2	Fo		A			
Ⅱ	4	W+	1	Mp.FC′.CFo	2	H, Fi, Cg		4.5	GHR
	5	W+	1	FMa.CFo	2	A, Bl		4.5	AG, MOR, PHR
Ⅲ	6	D+	9	Mpu	2	An, (H)	P	4.0	FAB, PHR
	7	Dv	3	C	2	Bl			
Ⅳ	8	Wo	1	FTo		Ad		2.0	MOR
	9	Do	6	Fu	2	(Ad)			
Ⅴ	10	Wo	1	FMp.FC′o		(A), Art	P	1.0	
Ⅵ	11	Wo	1	FTo		Ad	P	2.5	MOR
	12	Do	5	Fu		A			
Ⅶ	13	Do	2	Fo	2	Ad, Art			
	14	W+	1	Mao	2	H		2.5	COP, GHR
Ⅷ	15	Do	1	Fo	2	A	P		
	16	D+	8	FMp-		A, Ls		3.0	
	17	D+	5	FMp.CFo		A, Ls		3.0	
Ⅸ	18	DSo	1	Fo	2	Ad		5.0	
	19	Do	2	FC-		A, Art			
Ⅹ	20	Do	1	FCu	2	(A), Art	P		
	21	D+	9	Mp.mp.FC′o	2	(H), Cg		4.0	GHR

Summary of Approach

Ⅰ：W.D.D	Ⅵ：W.D
Ⅱ：W.W	Ⅶ：D.W
Ⅲ：D.D	Ⅷ：D.D.D
Ⅳ：W.D	Ⅸ：DS.D
Ⅴ：W	Ⅹ：D.D

第2章 仕立屋のケース

構造一覧表

Location Features			Determinants			Contents			S-Constellation	
Zf	=	12	Blends	Single					☐	FV+VF+V+FD > 2
ZSum	=	37.0				H	=	3	☑	Col-Shd Blends > 0
ZEst	=	38.0	M.FC′.CF			(H)	=	2	☑	Ego < .31 or > .44
			FM.CF	M	=	Hd	=	0	☐	MOR > 3
W	=	7	FM.FC′	FM	=	1 (Hd)	=	0	☐	Zd > ±3.5
(Wv	=	0)	FM.CF	m	=	0 Hx	=	0	☐	es > EA
D	=	14	M.m.FC′	FC	=	2 A	=	8	☑	CF+C > FC
W+D	=	21		CF	=	0 (A)	=	2	☑	X+% < .70
Dd	=	0		C	=	1 Ad	=	4	☐	S > 3
S	=	1		Cn	=	0 (Ad)	=	1	☐	P < 3 or > 8
				FC′	=	0 An	=	1	☐	Pure H < 2
DQ				C′F	=	0 Art	=	4	☐	R < 17
	(FQ-)			C′	=	0 Ay	=	0	4	Total
+	= 7	(1)		FT	=	2 Bl	=	2		**Special Scores**
o	= 13	(1)		TF	=	0 Bt	=	0		Lvl-1 Lvl-2
v/+	= 0	(0)		T	=	0 Cg	=	2	DV	0 x1 0 x2
v	= 1	(0)		FV	=	0 Cl	=	0	INC	0 x2 0 x4
				VF	=	0 Ex	=	0	DR	1 x3 0 x6
Form Quality				V	=	0 Fd	=	0	FAB	1 x4 0 x7
	FQx	MQual W+D		FY	=	0 Fi	=	1	ALOG	0 x5
+	0	0 0		YF	=	0 Ge	=	0	CON	0 x7
o	14	4 14		Y	=	0 Hh	=	0	**Raw Sum6**	= **2**
u	4	1 4		Fr	=	0 Ls	=	2	**Wgtd Sum6**	= **7**
-	2	0 2		rF	=	0 Na	=	0	AB = 0	GHR = 4
none	1	0 1		FD	=	0 Sc	=	0	AG = 1	PHR = 2
				F	=	7 Sx	=	0	COP = 1	MOR = 3
						Xy	=	0	CP = 0	PER = 0
				(2)	=	11 Idio	=	0		PSV = 0

RATIOS, PERCENTAGES, AND DERIVATIONS

R = 21	L = 0.50		FC:CF+C = 2:4	COP = 1 AG = 1	
			Pure C = 1	GHR:PHR = 4:2	
EB = 5:5.5	EA = 10.5	EBPer = N/A	SumC′:WSumC = 3:5.5	a:p = 2:8	
eb = 5:5	es = 10	D = 0	Afr = 0.50	Food = 0	
	Adj es = 10	Adj D = 0	S = 1	SumT = 2	
			Blends:R = 5:21	Human Content = 5	
FM = 4	SumC′ = 3	SumT = 2	CP = 0	Pure H = 3	
m = 1	SumV = 0	SumY = 0		PER	
				Isolation Index = 0.10	
a:p	= 2:8	Sum6 = 2	XA% = 0.86	Zf = 12	3r+(2)/R = 0.52
Ma:Mp	= 1:4	Lvl-2 = 0	WDA% = 0.86	W:D:Dd = 7:14:0	Fr+rF = 0
2AB+(Art+Ay) = 4		WSum6 = 7	X-% = 0.10	W:M = 7:5	SumV = 0
MOR	= 3	M- = 0	S- = 0	Zd = -1.0	FD = 0
		M none = 0	P = 5	PSV = 0	An+Xy = 1
			X+% = 0.67	DQ+ = 7	MOR = 3
			Xu% = 0.19	DQv = 1	H:(H)+Hd+(Hd) = 3:2

| PTI = 0 | ☑ DEPI = 5 | ☐ CDI = 3 | ☐ S-CON = 4 | ☐ HVI = No | ☐ OBS = No |

布置記録表

S-Constellation（自殺の可能性）

☐ 8つ以上該当する場合，チェックする
注意：15歳以上の対象者にのみ適用する

☐ $FV+VF+V+FD>2$
☑ $Col\text{-}Shd\ Blends>0$
☑ $Ego<.31\ or\ >.44$
☐ $MOR>3$
☐ $Zd>\pm3.5$
☐ $es>EA$
☑ $CF+C>FC$
☑ $X+\%<.70$
☐ $S>3$
☐ $P<3\ または\ >8$
☐ $Pure\ H<2$
☐ $R<17$

4　Total

PTI（知覚と思考の指標）

☐ $(XA\%<.70)$ かつ $(WDA\%<.75)$
☐ $X\text{-}\%>.29$
☐ $(Lvl\text{-}2>2)$ かつ $(FAB2>0)$
☐ $(R<17$ かつ $WSum6>12)$ または
　$(R>16$ かつ $WSum6>17)$
☐ $(M\text{-}>1)$ または $(X\text{-}\%>.40)$

0　Total

DEPI（抑うつ指標）

☑ 5つ以上該当する場合，チェックする

☐ $(FV+VF+V>0)$ または $(FD>2)$
☑ $(Col\text{-}Shd\ Blends>0)$ または $(S>2)$
☑ $(3r+(2)/R>.44$ かつ $Fr+rF=0)$
　または $(3r+(2)/R<.33)$
☐ $(Afr<.46)$ または $(Blends<4)$
☐ $(Sum\ Shading>FM+m)$
　または $(SumC'>2)$
☑ $(MOR>2)$
　または $(2xAB+Art+Ay>3)$
☑ $(COP<2)$ または
　$([Bt+2xCl+Ge+Ls+2xNa]/R>.24)$

5　Total

CDI（対処力不全指標）

☐ 4つか5つ該当する場合，チェックする

☐ $(EA<6)$ または $(Adj\ D<0)$
☑ $(COP<2)$ かつ $(AG<2)$
☐ $(Weighted\ SumC<2.5)$
　または $(Afr<.46)$
☑ $(Passive>Active+1)$
　または $(Pure\ H<2)$
☑ $(SumT>1)$ または $(Isolate/R>.24)$
　または $(Food>0)$

3　Total

HVI（警戒心過剰指標）

☐ 1が該当し，かつ他が少なくとも4つ以上
該当する場合，チェックする

☐ (1) $FT+TF+T=0$
☐ (2) $Zf>12$
☐ (3) $Zd>+3.5$
☐ (4) $S>3$
☐ (5) $H+(H)+Hd+(Hd)>6$
☑ (6) $(H)+(A)+(Hd)+(Ad)>3$
☑ (7) $H+A:Hd+Ad<4:1$
☐ (8) $Cg>3$

OBS（強迫的様式指標）

☐ (1) $Dd>3$
☐ (2) $Zf>12$
☐ (3) $Zd>+3.0$
☐ (4) $Populars>7$
☐ (5) $FQ+>1$

☐ 1つ以上該当する場合，チェックする

☐ Conditions 1 to 5 are all true
☐ 2 or more of 1 to 4 are true
　かつ $FQ+>3$
☐ 3 or more of 1 to 5 are true
　かつ $X+\%>.89$
☐ $FQ+>3$ かつ $X+\%>.89$

第2章 仕立屋のケース

2．エクスナーによる解釈

　このケースは歴史的な観点から考察することになります。ヘルマン・ロールシャッハが1920年に施行したケースです。この記録が完全に正確に翻訳されているとは言えません。ロールシャッハはもともと大変悪筆で，読みにくい字を書く人です。さらに，これはドイツ語で書かれていました。私が大変苦労したのはそういった点で，翻訳するのに1週間ぐらいかかりました。
　『精神診断学』の中にはロールシャッハ・テストについて十分解説できていない部分があります。それは，どのような手順でこの検査を施行するのかについてです。いろいろな疑問があるのですが，私はこのプロトコルに他のプロトコルもあわせて検討してそうした疑問に答えようとしました。たとえば，『精神診断学』で質問段階について記述されているのは2ページしかありません。ですから，ロールシャッハが実際に質問段階をどのように行っていたのかはよくわかりません。また，1920年か1921年ぐらいまで，ロールシャッハは12枚の図版を使っていました。12枚の図版のうちなぜ現在の10枚を選んだのか，二つの図版を外す理由は何であったのかということについて，私はとても疑問を持っていました。
　スイスのベルンにロールシャッハ・アーカイブス博物館ができて，彼の残した多くの古い論文であるとか，手紙，メモ類，表などを集めることができました。そういう物を集め，それらを注意深く研究することによって，ロールシャッハがどのような手順を用いたのか，どのような決定をしたのかということが理解できるようになったと思います。私が最初にこのケースの翻訳を行ったのは2年ぐらい前ですが，そのときにはロールシャッハがなぜこの患者にテストを施行したのかわかりませんでした。それで私はこの2月にスイスに行って，もう一度彼の残したメモ類などを調べてみました。その結果ロールシャッハがこの男性に対して検査を行ったのは，この人の根底に精神病的過程があるかどうかを知りたかったからではないかと思うようになりました。
　このケースの経過を読めばわかると思いますが，この人が検査を受けたのは病院を退院して家に帰りたい，そしてもう一度自分のビジネスを始めたいと思

ったときでした。この病院の記録によると、この人は非常に協力的で、どちらかというと開放的な性格とのことです。また、人当たりのよい人物だという記録が残っています。しかし同時に、ロールシャッハはこの人の中には抑うつが隠されていると感じました。そのため、もっとそのことについて知りたいと思いました。そして、抑うつをそのまま放っておくと、この人が非常に深刻な事態に陥る可能性があるという点に注目しました。当時は、退院した患者に対するアフターケアというのは非常に限定的なものであったことを留意しなければなりません。外来患者として治療を受けたいと思うのであれば、この人はもう一度この病院に戻ってくるか、あるいは個人的に開業しているセラピストと契約を結ぶか、この二つしかありませんでした。したがって、ロールシャッハはこの検査に当たってかなり用心深く、手堅い見方をしようと考えていたと思われます。つまりこの人を自宅に返すのであれば、その後十分きちんと生きていくことができる可能性がどの程度あるかということを検討しようとしました。

　では、これから解釈を始めたいと思います。構造一覧表を見てください。私はここで鍵変数を見ています。この記録の解釈にどういうアプローチをすればよいのか、何か指針になるものはないかを見ていきます。最初に注目すべき鍵変数はa：pだと思います。a：pは2：8です。ということは、最初に認知の三側面から始めればよいことになります。

　この鍵変数から解釈を始めるというのは大変興味深い所見だと思います。というのは、この男性はうつ病で入院していました。来歴の記録を見るとかなり重篤な症状であったと考えられます。それにもかかわらず、入院期間は2週間だけです。それに、このケースの抑うつ指標（DEPI）は陽性になっていません。それほど深刻な状態にはなっていません。これは驚くべきことです。なぜなら、もしも元々このような感情の障害があるのなら、それが2週間で消えてしまうことは考えられないからです。DEPIが5ということは、かなり感情的な障害を持ちやすい、そういうものを発現しやすい人物であると考えられます。しかし、症状からすると、DEPIはもっと高いのではないかと考えられます。ですから、このことを頭においてこれから記録を見てゆきたいと思います。この人はもともと何が原因で入院することになったのかを解明していきたいと思

います。

　思考のクラスターから見ていきたいと思います。まずこの人は体験型が不定型です。これは必ずしも悪いことではありません。ただ不定型の人は意思決定に時間がかかります。つまりアプローチの仕方があまり一貫していないという問題があります。不定型の人の問題解決のやり方を見ていくと，必要もないのに何度も同じことを繰り返す傾向があるのに気がつきます。ここで一番重要となる鍵変数は a : p です。明らかにこれは期待されない方向に向いています。ここからこの人について多くのことを知ることができますが，その一つが思考についてです。この人物はあまり意思決定をすることを好んでいないということです。このいわゆる消極的運動反応が非常に高く出る人は，反応する際に自分で決定をするのではなく，何となく暗にほのめかして反応するというタイプの人です。場面に依存する人と場面に依存しない人，という二つのタイプがありますが，この人はかなり場面に依存的な人であると思います。常に自分の周りを見渡して，決定するための手がかりがないかと探しているような人です。さらに悪いことに，この人には三つのMORがあります。思考が悲観的なものに傾きやすいということです。つまり，物事がうまくいくとはあまり期待しない人です。このように，消極的運動が多くかつ悲観的である人の場合は，将来をかなり暗く見る傾向があります。つまり，何かよいことがあると非常に意外なことだと思う傾向です。たとえば，自分が何をしようとそんなことは関係ない，物事はとにかく自然にうまくいくものであると思う人だっているわけです。この人がなぜ病院に入ることになったのか，その理由を考えてみました。この人は随分長い間，現実世界で自分がビジネスに成功していないことについて，かなり悲観的にそしてまた受動的なやり方で考えを巡らせていたのではないかという気がします。そういう考えをずっと抱いていて，最終的に降参をしてしまったということが背景にあるのではないかと思います。

　生活歴には，病院に入院する4カ月ぐらい前に帳簿を見たところ大赤字であることがわかった，と書いてあります。ちょっとしたことではあっても，おそらくそれまでのことが重なって，とうとうポキンと折れてしまったのではないでしょうか。体の大きな人だったのか小さな人だったのかわからないのですが，

私の想像ではたぶん小柄な人だったのではないかなと思います。腕のよい仕立屋で，一生懸命仕事をしてきた。それにもかかわらず成功できなかった。そういう人物ではないかと思います。

　ebの左側が気になりますが，特に解釈に有用な情報は出ていませんでした。FMが4で，これは普通の結果です。しかし，その次のMa：Mpはこの人の特徴を非常によく表していると思います。かなりの時間をファンタジーに使う傾向がそこに見られます。これはもともと受動的な人物にとっては大変悪い影響を与えます。このようにファンタジーを使い過ぎると，自分が何かをすれば物事がよくなると思うのではなく，何もしないでいても物事が勝手によくなっていくことを期待してしまう，そういう習慣が身に付きます。このような人は他の人が自分のために決定してくれることを期待しますし，往々にしてそれは好ましい決定であるべきだと期待するようになります。この人はかなりの債務を抱えているのですが，頭のどこかで，そのうち何とかなると思っています。もし私が今この人を治療するのだとすれば，この段階ではまだ退院はさせないと思います。この人が自分のビジネスを立て直す計画をきちんと持ち，自分の問題に対処できるだろうと確信できるまで，病院からは出さないと思います。この人は家に帰ってもう一度仕立屋を始めようと思っていますし，再開すればきっとうまくいくだろうと思っていますが，それは単純で楽観的過ぎる考え方だと思います。

　知性化指標は少し上昇しています。ここから，おそらく自分の感情を知性化し，隠すことがあるのではないかと考えられます。二つの特殊スコアがついています。一つは反応1のDRですが，これは本当はDRではないのかもしれません。私の翻訳によってDRになったのかもしれません。もう一つは反応6です。こちらは明らかにFABCOMだと思います。「二つのガイコツがお辞儀している」と書いてあります。興味深いのはこの反応に対する質問段階の答えで，自分で「バカみたいな話ですが」と言っています。反応を隠すのではなく，非常に具体的な反応になるように明細化していることが興味深いと思います。ガイコツは動かない，しかしそういうふうに見えたんだという説明をしています。少しここで考えてみて下さい。私たちにもこれはガイコツのように見えると思

うのですが，しかしどのような人物がこのような反応を出すと思いますか。この人は自分自身の受動性ゆえにしくじってしまい，受動性の犠牲になっています。反応段階でこの人が「これはバカげた考えだとは思うんですが，ガイコツに見えます」と言うのであればずっとよかったと思います。また，この反応はこの人の自己知覚に関してもかなり雄弁に物語っていると思います。これについては後でもう一度取り上げます。FABCOMが一つあるのでMの質が大変気になるところですが，M−の反応はありません。この人のMの質はたいがいそんなに悪くありません。確かに受動性という特徴は備えていますが，質はそれほど悪くないです。

　反応2では「人の身体」「頭は見えませんが，後ろに反らせているのかもしれません」という言い方をしています。これは「頭のない人です」と言うよりもずっといいと思います。それから反応4。これも受動的なMです。「2人の男の人が手を合わせているところ」「火のそばに集まって，暖をとっている」と言っています。これは内容から考えると，大変興味深い反応です。自己知覚に関係していると思いますので，これについても後でもう一度取り上げます。反応6のガイコツはすでに検討しました。反応14は，これまでのところ，彼の一番よい反応であると思います。「2人の女の人が踊っています」。大変興味深いのは，質問段階でのこの反応の説明の「顔の特徴ははっきりしませんが，それはたぶんくるくる回っているからでしょう」という部分です。これも自己知覚を扱うときにもう一度解説したいと思う箇所です。最後の反応21ですが，もう少しよい反応が出るのではと期待していましたが，「妖精」です。質問段階では「最初に見たときには，頭が灰色なのでケガをしているのかと思った」と説明し，でも「それは取り下げました」と言っています。反応6のガイコツのときもこういう答えをすればよかったと思います。けれどもここの反応では，「取り下げました」と言った後にも「おそらく何か変わった帽子をかぶっていて，それがぶつかっているのだと思いました」と言っています。つまり，自分の身体に対してよいイメージを持っていません。ただ，顔はまあまあはっきり捉えられています。「お互いに寄りかかって互いの帽子が軽くぶつかっています」という言い方をして，何とかその場を取り繕おうとしています。

それぞれ反応を洗練させる努力が見られるのですが，一つの反応を除いて，いずれにも何らかの欠陥があります。つまりこれが彼の思考を表していると思います。たぶん知的な人だと思いますし，非常に誠実な人だと思います。けれども，思考が何らかの障害を受けていると考えられます。

それでは，次の情報処理に移りたいと思います。彼の認知はどうなっているのでしょうか。この人は明らかに，一生懸命に情報を取り込む努力をしています。21個の反応でZfが12あります。W：D：Ddが7：14：0になっていますので，同時に非常に手堅いと言えます。領域の継列を見てもかなり慎重であることがわかります。まず図版ⅠでWが出ています。図版Ⅱでは二つのWを出し，かなり努力しています。図版Ⅲはかなりバラバラになっている図形ですが，Dを二つ出しています。図版ⅣでW，図版Ⅴもそうです。図版ⅥでもWが出ています。図版Ⅶでも最後にWを出しています。図版Ⅷ，Ⅸ，Ⅹでは全部Dです。これはやや憶測になりますが，この最後の3枚の図版でまったくWを出さない人は，これらの図版に含まれる感情的な刺激を恐れているのではないかと思います。W：Mも比較的手堅いものです。Zdは-1.0ですから，特にここからの情報はありません。発達水準は一見したところ大変よいです。DQ+が7で，これは反応の3分の1に当たります。これはかなりよいのではないでしょうか。ただしDQvが1あります。ということは，反応内容の他は心配ないということかもしれません。血について言及しているところがあります。ガイコツと血を関連づけています。質問段階でこう言っています。「赤が目に入ったとき，血以外のもので思いつかなかったんです」。ここからはこの人が変わった思考をしていることがわかります。そしてそれが，情報処理にも影響を与えています。赤い色を見たときに血以外のものは考えられなかった，そしてそれをガイコツと結び付けたと言っているわけです。でもそれはあり得ないことです。この人の情報処理の活動を見ますと全体的にはまあまあよいのではないかと思われるのですが，もともと思考が悲観的で，受動的であるために，何をどのように情報処理するのかいう点に影響が出てきます。見たものをそのまま結び付けただけの具体的思考（concrete thinking）をしていることがわかります。

さて，認知の三側面の最後，認知的媒介を見ます。彼の反応の現実吟味の問

題についての答えを出せるでしょう。XA％はとてもよいと思います。WDA％もそうです。この二つの変数から，この人は物事を正確にそしてかなり適切なやり方で知覚することがわかります。無形態反応を一つ出しています。それは血です。しかしX-％は低く，10％に過ぎません。あまり深刻な歪みはないと思います。

　それではマイナス反応を見ていきます。奇異かどうかということだけを見ていきます。最初のマイナス反応は反応16です。これはとてもよい兆候を示しています。初めてマイナスが出たのが16番目ということになるからです。これは図版Ⅷの反応で，「上の部分は鳥のようです」というもの。重要なのは，マイナスの反応の場合でもたいてい図版の形態とどこか一致した箇所があり，それを拾っていることが多いということです。この人は図版Ⅷの上の所を，鳥のようだ，羽を広げてワシが立っているように見えると言っています。これを誰かが皆さんに言ったとしたら，何を見たのか理解することはできると思います。でも，あまりよい反応でないことは明らかです。どうしてもワシが岩の上に立っているようには見えないのですが，ただよく見ると，図形の形態とある程度一致した部分を捉えていることがわかります。次に反応19がマイナスになっています。図版を逆さまに見て「ピンクの部分を除くと残りは羽のある虫のように見えます」と言っています。これは変わった反応ですが，奇異な反応とは言えません。図版ⅨのD3は，羽に見えないこともありません。ただしチョウには見えません。刺激野が完全に歪んでいるとは言えません。質問段階で「こんな形や色をしているチョウがいるかどうかはわかりませんが」と言っています。言ってみれば，もう一度確認をしているわけです。

　次は統制にいきます。統制についてはあまり検討することはありません。Dが0，Adj Dも0です。EA，EB，eb，esの値から，Dのスコアは妥当なものであることがわかります。いわゆる統制力やストレス耐性は普通の人と同等であることがわかります。この中には感情について念入りに検討すべきことを示唆するものが含まれていますが，表面的にはこの人の統制力に問題はないようです。つまり，ストレスに簡単に負けてしまうタイプの人ではないようです。これは入院したことから考えるとつじつまが合わないと思います。人と話をして

第Ⅰ部　ロールシャッハ・テストの誕生

いるときに泣き出すと書かれているので，統制を失っていることが見て取れます。ところがデータには統制をする力はあると出ているので，そこが合っていないわけです。また，データ上は非常に深刻な抑うつ状態にあるという結果も出ていませんから，ロールシャッハ・テストの方が間違っているとも考えられます。でも私はたぶんテストの方が正しいと思います。私の古い友人サミュエル・ベック（Samuel Beck）は，「ロールシャッハ・テストが間違うことはない」と言っていました。「間違いが出てくるとすれば，その使い方が悪いのだ」と言っていました。

　それでは次に感情を見ます。このクラスターには大変興味深いデータがそろっています。本来は自己知覚と対人知覚を先に見るのですが，とにかくまず感情について見ていきます。というのは，私は最初からこの人の感情について関心を抱いていたからです。先延ばしにしないでおきましょう。

　Pure C 反応が絶対に出るだろうと思いましたが，やはりあります。消極的な人なのに Pure C 反応があるのは，大変珍しいことです。この人がなぜそんなに泣いたのかわかります。DEPI が 5 になっています。この変数が 5 というのは必ずしもうつ病であることを表していません。ただここから，感情の状態がかなり揺れることが見て取れます。DEPI が 5 該当するのはさまざまなタイプに見られます。たとえば気分変調症にはしばしば抑うつ状態が見られます。また，そのときの状況によってうつ状態になっている人にも DEPI が高くなるという報告もあります。よく航空会社のパイロットに見られる現象ですが，パイロットをしている人は仕事をした後にこのような気分になると言われています。2，3 日パイロットの仕事をして家に戻ったときには非常に開放感を味わうのですが，その後しばらくすると他にはもう何にもすることがないので大変気分が落ち込んでくる。これは抑うつ状態ではないのですが，突然やることがなくなったことに混乱してしまう状態ではないかと思います。日本からニューヨークに飛行機を操縦して，1 日か 2 日ニューヨークにいて日本に戻ってきて，その後必要な報告書もみんな書いてしまうと，そのときはとても気分がよく，ほっとしているのだけれど，全部手続きが終わって帰宅すると，もう気分が落ち込んでしまうという現象が見られます。また私たちの研究では，航空会社の

第 2 章　仕立屋のケース

パイロットにはそれとは違う人たちの群もあることがわかってきました。それはDEPIが0か1の人で，この人たちは仕事が終わると大変嬉しい，これから何か好きなことができると思います。仕事が終わったことに落胆せず，自分の仕事をきちんとできたと誇りを持って振り返り，成功したことを大いに喜ぶことができる，そういうタイプの群の人たちもいるのです。ところがこの仕立屋のケースには，何かちょっとしたことがあると悲しい気持ちになってしまいがちな，脆弱な部分があります。何か悪いことが起こると悲しい気持ちになって落ち込んでしまうところがあります。この人の持っている脆弱性が影響を与えていると思われます。

その次に注目すべきはebの右辺です。ここから私は自己知覚よりも先に感情を取り上げた方がよいと感じました。ebの右辺は5になっています。これはすごく高い値ではありません。ただこの5の中身が大事です。C′が3個出ています。自分の感情を非常に抑制する傾向があります。そこから心の痛みや不快感が生じてきます。何か言いたいことがある，あるいは自分の感情を表現したいと思うのだけれど，そうしない。言いたいことを自分の中に抱え込んでしまうことで辛さを感じるというような状態です。ただこの人にはPure C反応もあり，これは大変興味深いことだと思います。C′が3個出ているだけではなく，Tが2個あります。C′とTが一つの反応に同居しているのは非常に不幸なことです。Tが2個ということから，この人が寂しさを感じていることがわかります。誰かを求めている人です。ここからこの人の結婚生活に関する疑問が出てきます。結婚しているのであれば孤独ではないでしょう。結婚をしているのに寂しい人だとすれば結婚に何か問題があるのかもしれません。結婚生活がうまくいってなくて，悲観的で，受動的な人であるならば，葛藤が生まれてくると思います。結婚して12年，2人子どもがいて，一見よい関係を持っているように思えますが，何か問題があるのだと思います。今の時代に治療をするのであれば，結婚生活に関するカウンセリングをすることも可能です。しかし当時は1920年ですから，そういうものはありませんでした。でも，彼にとってはそのような結婚生活に関するカウンセリングが一番重要であったとも考えられます。このケースではSumC′はWSumCよりも高くありませんが，

C′の値は高くなっていますので，感情を押し殺していると考えられます。寂しい人で，感情を抑制しているということから，非常によくない状況につながっています。Afrは0.50ですが，これはまあまあよいと思います。引きこもっているわけでも，非常に興奮しているわけでもありません。知性化指標は普通の人よりは高くなっています。これはたぶん感情を抑制することに関連していると思います。今見ましたC′の上昇とも関係があると思います。FC：CF+Cは2：4です。これがよい情報か悪い情報かはわかりません。この人は一生懸命感情を抑えようとしているのですが，しかしその感情を表現するときにはかなり強い形で出てくる。こういうことから彼が泣いたことの説明がつくと思います。この人は平穏無事であることを強く望み，自分の感情を必要以上に統制しようと努力しているのですが，それが失敗してしまうと感情が溢れるように出てくるのだと思います。そして，おそらくそのことに恐れを抱いている。たぶんこの人の周りにいる人たちもそうなると混乱し，どうしようもなくなるのだと思います。Pure C反応が一つありますので，ときにはその感情が非常に強く，爆発するような強い形で，非論理的な形で表出されることがあるのでしょう。「見たときには，ガイコツの血の痕かと思ったんですが」と言っています。その次に赤が目に入ったときには「血以外のもので思いつかなかったんです」と言っていますが，これもその感情の強さを表しています。その後に「それはあり得ないと思って」と付け加えています。このことから，この人物が非常に強い感情に襲われたときにどういうことが起こるのかがよくわかります。この人は非論理的で，不合理，そして衝動的になることがわかります。

　そうすると先ほど，この人の統制力はだいたい普通の人と同じくらいだと言いましたが，そうではないと思います。感情のボタンのようなものがあって，そこを押してしまうと一時的に統制を失うのではないでしょうか。一時的に統制を失う理由ですが，それはどういうふうにその感情を分かち合えばよいかがよくわかっていないことではないかと思います。つまり，そういう訓練が全然できていないのだと思います。

　この人は外来で治療するのには理想的な人だと思います。外来で診るのに理想的な特徴を持っています。悲しい気持ちを抱き，混乱し，そして自分の感情

をどうしたらいいのかわからない。またとても寂しい人でもあります。もしこの人が私のところに来たとすれば，よい患者としての可能性を有しているので他の人より料金を少しまけてもいいと思うぐらいです。加えて，怒りをため込んでもいません。空白反応は1なので，たぶんこれからの治療に対して，それほど抵抗を示したり，否定したりすることもないと思います。もともとのスタイルが不定型ですから，両価性はあると思います。この空白の反応がどこに出たのか見てみると，反応18です。それほど悪い反応とは言えません。白く抜けている部分を目だと言っているだけです。特に重大な意味はありません。ブレンド反応が5個あります。彼の複雑性もかなり理解できます。状況的なブレンドはありません。しかし，一つは色彩濃淡ブレンドです。自分の感情に対して混乱していることがここに現れています。

　もうデータを見る必要もないくらい明らかなことですが，この人は自分のことが好きではありません。自分自身のことに考えがとらわれています。解釈する際に見過ごしてしまいやすいものの一つに，高い自己中心性指標があります。指標が低いことにだけ注目するというよくない習慣があります。確かに自己中心性指標が低い場合にはあまり望ましくなく，自尊心が非常に低いことが考えられます。しかし反対に自己中心性指標が高くなっていて，しかもそれが反射反応があるためではない場合には，自分に対するこだわりが強いという心配を持つ必要があります。内省的ではないし，自分を非常に吟味しているわけではなく，ただ自分のことについて気にしているということです。形態立体反応（FD）が2，3個あって，濃淡展望反応（V）が1個ある場合は，自己中心性指標が高くなると予想できます。しかしその方がこのケースよりもポジティブな状況であると思います。形態立体反応や濃淡展望反応があるのは，自分自身のことを点検しようとしている，吟味しようとしていることの表れです。形態立体反応や濃淡展望反応がない状態でただ自己中心性指標が高くなっている場合は，自分自身に対して非常にこだわりを感じていることを示しています。

　それから，解剖反応があります。普通は解剖反応が1個あるぐらいでは特に注目しませんが，このケースではガイコツです。ガイコツというのはよい反応ではありません。自分自身のことをガイコツだと見ている人について概念的に

捉えてみると，脆弱で，むき出しになっている人間が考えられます。反応の中で「ガイコツがお辞儀している」と言っているのですが，しかしガイコツはお辞儀できないことを彼は知っています。自己イメージとしては非常によくない反応です。

　次に，MORが3個あります。これは注目しなければなりません。最初のMORは反応5の「動物が戦っている」で，頭から血が出ている。怪我をしている，傷ついているということです。次は反応8で，これは興味深いことに，ガイコツの反対です。「動物の毛皮がはがされて，乾燥するように広がっている」と言っています。傷ついているどころか，死んでいます。次は反応11です。「何かの動物の毛皮」「頭がありません」「しっぽはまだあって，胴体からはがして広げて乾かしているのか，毛皮の価値を決めるために広げてあるのでしょう」。彼の次の言葉は興味深いものです。広げてあるのは「毛皮の価値を決めるため」だと言っています。ロールシャッハがここで少し別のことを聞いてくれたらよかったのにと思います。ここでロールシャッハは「そのように見えたのを説明してください」と言っているのですが，私なら「その毛皮の価値を決めるために広げてあるというのはどう見たらいいのですか」と尋ねたくなります。実はその後にすぐ，この人は私が聞きたかったことに答えてくれています。「灰色の色合いの違いが毛皮に見えて，相当価値のあるものに見えた」と言っています。確かにMORで，望ましくない反応なのですが，最後の方では何とか前向きな反応になるように努力しています。

　次に人間反応です。三つあります。どんなものか見てみましょう。最初は反応2の女性で，「頭は見えませんが，後ろに反らせているのかもしれません」と言っています。次は図版Ⅱの反応4，「2人の男の人が手を合わせているところ」。質問段階では「しゃがんでいるよう」「火の明かりのせいで，彼らの頭が赤く見える」「火のそばに集まって，暖をとっている」と言っています。そしてもう一つは図版Ⅶの反応14で，「女の人が踊っています」。この三つの反応からは，頭を特別に扱っていることがわかります。最初の反応では「頭を後ろに反らせているので見えない」，2番目では「火のそばにいるせいで頭が赤く見える」，図版Ⅶでは「2人の顔の特徴ははっきりしません」と言っていま

す。この人は自分が一体どういう人物なのかについてよい印象を持てていないと思います。非常に打ちのめされた感情を持っているし，自分に対して否定的な感情を持っています。自分に対して非常にこだわりがあります。

　マイナス反応についてはすでに見ましたので，それでよいかと思います。運動反応も見ましたので，これから急いで継列を見ていきたいと思います。今，かなりいろんな発見をしましたが，それ以上に通常ではない特徴がないかを探してみたいと思います。この人の反応の中には随分と奇妙なものがたくさんあるのですが，その一部はもしかすると翻訳のせいかもしれません。最初の反応1ですが，「羽のある動物のようです」と言っています。質問段階ではどういう種類の動物かは言っていません。しかしそれがコウモリであることは確かなようです。「夜になると飛ぶ」し，「森や農家に住んでいて」「教会の塔にも住んでいるらしい」と言っています。たぶんコウモリのことだと思います。でも，コウモリとは言っていません。知的な人なのに。次は反応3ですが，「耳の大きな動物のようです」と言っています。しかし，そのすぐ後で「何の動物かわかりません」と言っています。ということは，最初の三つの反応のうち二つまで，自分が何を見たのかはっきりさせるのを避けています。反応4から8は見ました。反応9は検討していなかったと思います。「二つのもののような印象を受けますが，少なくとも二つの何かの頭のようです。動物です」と言っています。ここでもやはり，何であるのか明らかにすることを避けています。質問段階で，「動物の頭なのか，二つの動物の仮面なのかまったくわかりません」「砂漠の動物を思い起こします」と言っています。これはたぶんラクダと言いたかったのだと思います。でも，「同時にヤギの頭のようでもあります」「はっきりしません」「長い鼻があって，鼻と小さな額を考え合わせると，2匹の動物の仮面ですね」と言っています。とにかく行ったり来たりしています。何なのかよくわかりません，はっきりしませんと何度も何度も行ったり来たりして言っているところに，非常に受動的思考であることが表れています。次の反応10でも同じようなことを言っています。「チョウが飛んでいるようですが，色が違います」。質問段階では，「本物のチョウではありません」「むしろシルエットとか黒インクでチョウに見えるように描いた漫画のようです」。ここでも

自分が何を見たのかはっきりさせていません。

　反応12は,「真ん中は上から下までヘビに見えます」「ヘビの頭になって,残りが体になります」。この反応ではかなり断定的に述べています。ヘビだと断定しています。自分のことをヘビやガイコツのように思っているのかもしれません。反応13は「ウサギの頭」。ここではかなり正確であろうとしています。「下の部分は入れません。そうでなければくっついてしまいます」と言っています。ところがまた図版Ⅷでは自己防衛的になって,慎重になっています。反応15は「両側のはまた動物のようです」。質問段階で「何の動物かはわかりません」と言っています。次の反応17では,「チョウの印象です」と言っています。「太陽で色づいた大きな岩の上でチョウが舞っています」という言い方をしています。かなり豊かな情報を提供している反応ですが,私には何を言いたいのかがはっきりわかりません。チョウというのはか弱いものです。それが非常に色が輝いているようなものの上を飛んでいるイメージです。これが彼自身あるいは彼自身の感情を表しているのか,あるいは他のことを意味しているのかはわかりません。それ以上の憶測はできません。次に図版Ⅸの反応18ですが,「2匹の動物の顔のようです」と言っています。ここではかなり積極的に自分の考えを明らかにしています。イヌの頭と考えているのかもしれません。この人はとにかく自分の態度や意見をはっきりさせることを避けようとする傾向があり,それは図版Ⅹの最初の反応20によく表れています。「青いのは,足のたくさんある虫です」が,質問段階ではやはり大変慎重になっていることがわかります。「種類はわかりません」「クモでもないし,クモは青くはないですから」「でもクモはこれと似たようなたくさんの足があります」。大変興味深いところです。「両側に一つずつ。でも,この二つは関係ありません」「絵描きの空想で,青いクモか何かを表そうとしたのでしょう」「本物とは見えません」と言いながら,一方では「世界のどこかにはこんな生き物がいるかもしれないとも思います」と説明を付け加えています。意思決定するのに大変苦労しています。行ったり来たりしており,自己防衛的であり,また何かを隠しています。自己というものが非常に弱い。そして,その機能を果たすのに,日常的に大変苦労していることが読み取れます。

第2章　仕立屋のケース

　対人知覚ですが，それほど長い時間をかけて検討する必要はありません。この人が受動的であることはもうわかっています。たぶんこれが一番重要な点でしょう。非常に受動的であり，それから孤独である。ただ，人間反応が五つありますから，人間に対する関心をかなり持っています。そして五つの人間反応のうちの三つがPure Hです。たぶんこの人は人間を理解しているように思います。そして現実を知っている。ただ，自分と他の人を比較したときに，自分は他の人のようではないと思っているのではないかと疑われます。人に好まれたいと思っているはずです。そして自分に対してももっと自信を持ちたいと思っているでしょう。しかし，そういう気持ちを持っているのに今はそうなっていません。そうするとどうなるかといいますと，たとえばコントロールできない感情が出てきたり，あるいは意思決定をしなければいけない状況になったり，自分がきっちりと把握できない問題が生じたりした場合には，何とかそうした事態に関わるのを避けようとするだろうと思います。仕立屋の仕事がどういうものかよくは知りませんが，たぶん縫ったりするのでしょう。この人はおそらくきっちりとした縫い目で縫うのだと思いますが，そうした仕事こそ彼がきちんとしたことができる唯一の場なのでしょう。

　この人の場合，この後に外来患者として治療を受ける機会はないようです。治療をしないまま，この人がどの程度精神的に無事に切り抜けていけるのか。その可能性について質問があるとすれば，それはかなり難しいという答えになるかと思います。

　それでは何かご質問があればお答えしたいと思います。どんなことでも結構です。

● **質問段階についてヘルマン・ロールシャッハ自身はどう考えていたのか，という質問に答えて**

　ロールシャッハは質問段階について書いてはいますが，それほどたくさんの量ではありません。『精神診断学』の中では二つの箇所で触れています。一つは16ページのところ，それからあともう一つは26ページのところに，短いパラグラフで質問段階のことに触れています。しかし，16ページに書かれてい

るセンテンスは，英語版には翻訳されていません。また，26ページにある記述の一部も英語版には翻訳されていません。これは，私が大変気になっている点です。質問段階がどういうもので，またそれをどのようにしていたのかということは，非常に難しい問題でした。ロールシャッハのプロトコル，あるいはメモ類などを翻訳してはじめて，「ああ，こういうふうにやっていたのか」とわかってきました。

　1918年にどのようにしていたのかはわからないのですが，1919年には，「あなたはこういうふうに言いました。どこの部分を言っているのか教えてください。それから，それを説明してください」という質問の仕方をしています。1920年までの間にこのやり方を変え，私の知る限り，ただ単純に反応を繰り返すということにしました。そこで私は，より指示的でないそういうやり方に変えたことから質問段階を導入したのではないかと考えました。この仮説は正しいだろうと思っています。この仮説を裏付けるような記述は見当たりません。私がこう考えるのは，単に類推に基づいてのことです。ずっと反応を聞いていき，最後の反応が終わった途端にまた最初の反応に戻って「あなたが言ったのはこうですね」などといきなり言うのは間が抜けていると思うのです。したがって質問する前に何らかのイントロダクションがあったのではないか，ちょうどそれはテストを最初にやるときに行ったような，そういうイントロダクションに似たものではないか，と思っています。でも，それについての正確な情報がありません。ロールシャッハがこのテストを実施した患者，ないしは被検者のほとんどはインクのしみゲームをよく知っていたと思われます。したがって，現在の被検者に対して必要な教示や説明は要らなかったと思われます。ただしこれは私の推測に過ぎません。正直に言って，確たるところはわかりません。

　『精神診断学』の第1章は，1919年にスイス精神医学会に対して提出した論文です。この本を早く書き上げなければいけないというプレッシャーの下にあったロールシャッハは，以前に学会で発表した四つの論文をまとめてこの1冊の本にしました。実際，このモノグラフはさまざまな論文を集めたものであり，最初から連続した一つの論文として書かれたものではないと思います。なぜそう確信しているかというと，この本を出版するのにロールシャッハはかなり急

いでいたからです。全体を15カ月でまとめなければなりませんでした。このわずか15カ月の間に，それまで12枚のカードを使って蓄積していたデータをもう1回すべて集めて見直し，10枚のカードによるデータに焼き直さなければなりませんでした。その作業だけでもすごく時間がかかったのではないかと思います。その作業の間には，自分が作り出した概念のすべてについてもう一度きちんと見直すことはできなかったのではないかと思います。ですから，この本を出版した後に，もう一度その内容を注意深く見直し始めたということなのだと思います。

　ロールシャッハが亡くなった後，1923年にオーバーホルツァーが出版した論文がありますが，これは生前にロールシャッハが精神分析学会で発表したものです。この論文の中には，投映という言葉自体は出てきませんが，その概念が使われている箇所があります。精神分析学会の人たちには興味があるだろうと考えてのことだと思いますが，投映という考え方をしたことにはしっかりした根拠がありました。ロールシャッハは，人間運動反応というのは被検者の内的世界を表すものであり，また自己概念を表すものであるとの確信を持つようになっていったのです。ロールシャッハはそのとき初めて，人間運動反応の内容に価値があるということを示唆したわけです。

　ロールシャッハがもっと長生きしてモノグラフの第二版を書かなかったことが，非常に残念に思われます。第二版が出ていたならば，おそらく質問段階の方法論についてももっと詳細な記述が行われたと思いますし，概念化についてもより正確な記述ができたと思われます。ロールシャッハが出版という大変なプレッシャーを感じていたこと，そして自分の論文をまとめて世に出したいという熱意を持っていたこと，これらを理解しておくことは大変重要だろうと思います。皆さんも経験があるのではないかと思うのですが，何か一つのことを成し遂げた後には，たとえば本を書いたという場合には，その後で読み返してみて，あれも書けばよかった，これも書けばよかったと必ず思うものです。ただ残念ながら，ロールシャッハにはそれをする機会がなかったのです。

第Ⅰ部　ロールシャッハ・テストの誕生

●反応時間の評価はなぜなくなったのか，という質問に答えて

　ロールシャッハは，初発反応時間を計るというようなことはしていません。それぞれの図版ごとの反応に要した時間，これは計っています。これについては，彼は探求の途上にありました。反応時間について何らかの仮説を持っていたわけではないのです。したがって，なぜ時間を計ったのか，なぜそれぞれのカードについて時間を計ったのか，確信的なことは言えません。『精神診断学』を読んだ方はご存知だと思いますが，ロールシャッハはカラーショックについて書いています。彼の死後，アメリカで何人かの学者が，カラーショックと要した時間とには関係があるのだろうと推論しました。その後継者の多くがその考えを取り入れ，初発反応時間の計測をシステムに導入しました。

　私たちが包括システムをまとめようとしたときには，反応時間を計っていました。なぜかと言えば，皆がそうしていたからです。しかし，反応時間について検証したところ，それには何の意味もないということがわかりました。つまり，何とも相関していないことがわかったのです。一番高かったのは知能との相関ですが，それは0.18か0.21ぐらいでした。結局は，知能が低い者は最初の反応を出すのに時間がかかるということを示しているに過ぎませんでした。カラーショックの考えを支持するデータはありませんし，反応時間を計ることが有用であることを示すデータもありません。

第Ⅱ部
事 例 研 究

[解　題]

　エクスナーが実際にどのように解釈を行っていくかを紹介するために，第Ⅱ部ではエクスナーが来日した際に日本人の事例についてエクスナーが解釈を行った多くの事例の中から三つの事例を選んだ。用意した解釈を読むなどということは一切せず，いつものように緻密で柔軟な即興的解釈を披露してくれた。解釈しながら，どんどん事例のパーソナリティの本質に肉薄していく様子が，その語り口から伝わることを願っている。したがって原則として当日の解釈に一切の編集は加えていない。

　第1章の内定を取りながら留年せざるを得なかった24歳の大学生のケースでは，ハイラムダ・スタイル（回避スタイル）の発達的な意味について解説し，こうした理解を軸に慎重にケースを解釈してゆく姿勢がよく示されている。またこのケースは同日に行われた講演（第Ⅲ部：治療計画）の中でも取り上げられ，さらに具体的で突っ込んだ治療戦略についてのコメントが付されている。第2章の自殺未遂の中年ビジネスマンのケースでは，脳の機能的な障害を勘案しながら，精神病やうつ病の鑑別を丁寧に進め，最後はエクスナー自身，治療意欲が湧くとまで言い切り，彼がいかに治療という観点を持ちながら事例を読んでいくかが如実に示されている。またこの事例は，昨今こうした年齢の自殺者が急増しているわが国にあって時宜を得たものであり，そうした意味でも価値があると思われる。最後の食行動異常のケースはエクスナーがもっとも気に入った日本人のケースの一つである。理由の一つとして，プロトコルが豊かだっただけではなく，解釈を進めてゆくうちに彼の中で治療的示唆に向けてのコメントが醸成されていったからかもしれない。このケースの「虐待の根拠」の質疑などにも，真摯な臨床家であり研究者であるエクスナーの姿勢が存分に示されている。

　なお，第Ⅱ部の第1章と第2章の2ケースは，1999年第5回包括システムによる日本ロールシャッハ学会大会ワークショップ（順天堂大学有山記念講堂）において扱ったものである。第3章は，2002年第8回同ワークショップ（同会場）において検討されたものである。

第1章
留年した大学生：そのハイラムダの意味

1．ケースの概略

　24歳の大学4年生。4年生になってから不登校が始まる。夏前に就職活動をして大手企業に就職が内定した頃からますます引きこもりがちとなり，友人とも交流をたち，家にいて昼夜逆転した生活となる。内定の説明会で「急にパニックのようになって，もう学校へは行けない」と感じたと話す。また「今までうわべだけの対人関係を作っていたのがわかり，自信を失った」と述べ，卒業試験も受ける意欲をなくし，留年し，内定は取り消しとなった。大学の教員が心配し，彼に精神科への受診を勧めた。うつ状態と言われ投薬（スルピリド100mg，アルプラゾラム0.8mg）を受けるが目立った改善はみられない。

　彼は元来おとなしい性格で，小学校時代はまじめに勉強する。親に勧められるまま私立中学を受験するが失敗し，公立中学へ進学する。受験勉強の蓄えもあってあまり勉強しなくともよい成績が取れていた。友人からは「まじめで暗い性格」と言われる。高校は大規模私立校へ進学。クラブ活動にしても勉強にしても特に打ち込んだわけではなかったとのことである。大学受験に失敗し，浪人中は高校からの友人たちと麻雀やパチンコなどをして遊び，受験前に必死で勉強して比較的名の通った現在の大学に進学した。父親が「大学に入ったのだから何をしてもいい」と言ったこともあって，「思い切り遊んでやるぞ」と決心してほとんど授業には出ず，1日中サッカーに明け暮れた。今までで一番楽しく充実していたと語っている。またサッカーを通じて，自分に大きな自信を持つことができるようになったとも話す。しかし留年してしまい，親にこれ以上は迷惑をかけられないと考えて自分からサッカー部をやめてしまう。以後は再び友達との麻雀とパチンコの日々が続く。4年生になって，ある女子学生

から交際を迫られ，嫌々交際した。しかし，友人に噂がどんどん広がり困惑した。またゼミの教員からグループのリーダーを任命され，そのことでも疲れてしまい，しだいに学校へ行かなくなり，そうした中で就職活動が始まった。

　父親は大手有名企業の管理職で，早くに父を亡くし，自分にむち打って勉学に励み成功した人である。父親はいろいろな困難を自分ひとりで切り抜けてきた自信から，彼にもかなり高圧的に指示を与えた。彼の方も正論をふりかざす父親には逆らえなかった。母親はこうした父親を傍観しており口出しはしない。彼には1歳上の兄がいるが，兄も大学受験に失敗し，その後，家に閉じこもった。兄は今までいろいろな治療を受けたが変化はなく，ときにいらいらして家族に当たり，彼を殴ったりした。

　彼は痩せており，どことなくおどおどしている。感情表出はぎこちなく，特に父親の前だと緊張して硬い表情になる。母親は父親の独善的な態度にあきれているように見える。

　現在かかっている精神科医の治療と並行して心理療法を受けてみてはどうかと紹介され，抵抗なくロールシャッハ・テストに取り組んだ。テスト結果からどのような心理療法的なアプローチが望ましいのかを考えていきたい。

カード		反　応	質問段階
Ⅰ	1	（どうぞ手に取って下さい） ネコですか。何個言ってもいいんですか。 （どうぞ急いでいませんので，ゆっくり見てまた見えたら教えてください）	E：（被検者の反応を繰り返す。以下省略） S：全体的なところ，耳で目と口〈指し示す〉。
	2	ウサギです。	S：ウサギもまったく同じ，顔で，耳で目と口です。
	3	キツネ。んー。〈間〉もうわからないです。 （そちらに伏せておいて下さい）	S：まったく同じです。耳，目，口，鼻で。
Ⅱ	4	イヌが2匹向かい合っているっていう感じですね。わからないです。	S：1匹で（D1），イヌ。全体ですね。鼻，耳，足で。 E：向かい合っているのを教えてくれ

第1章 留年した大学生

カード		反応	質問段階
		（はい）	ますか。
			S：鼻と鼻寄せ合っている感じ。
Ⅲ	5	人が2人いる感じですね。	S：顔で,荷物を持っている人が2人向き合っているようです。
Ⅳ	6	男の人が椅子に座っている感じですね。	S：椅子で,あぐらをかいている感じ,っていうかダーンって足を出して,腕組んでるという意味です。
			E：ダーンと足を出しているのはどう見たらいいですか。
			S：ダーンと,これが足です。
	7	あと,木,木です。	S：全体が木で,幹ですね。
Ⅴ	8	チョウチョ,羽を開いているチョウチョです。	S：羽で,触角ですかね。
			E：羽を開いているのを教えてくれますか。
			S：標本みたいな開いたまま閉じない。
	9	あとは,鳥ですね。	S：同じように羽で顔ですかね。
Ⅵ	10	んー,なんていうんだっけ……木の葉ですか,カナダのマークの葉。そんな感じですね。	S：葉（D1）で,木についている部分（D3）ですね。
Ⅶ	11	子どもが2人向き合っている。	S：顔で子どもの体ですか,こう向き合っている〈動作〉。
	12	ウサギが外側に2匹飛び出そうとしている。	S：対称に,顔で（D3）,耳,足,飛び出そうとしている。
Ⅷ	13	んー,アライグマが岩を登っている感じですね。そんな感じですね。	S：岩で（D8）,アライグマ（D1）の足で手と顔ですね。
Ⅸ	14	人の上半身,おじいさんの顔。	S：目で,頭,首で肩,胸。
			E：おじいさんについて教えてもらえることありますか。
			S：細いんで〈とD8を指す〉。
	15	この辺（D1両方を指す）はクマに見えますね。	S：クマの横顔ですかね。これが目で（S）。
Ⅹ	16	んー,〈間〉いろいろな動物が所々に跳んだりはねたりしている	S：シカ（D7）が跳んでる,オオカミ,ネコ科の動物,わーっとから

カード	反　応	質問段階
17	感じです。 あと，ひげを生やしている人の顔に見えます。そんなところです。	だ全体で〈とD1を指す〉，ウサギみたいな感じ（D2）。 S：目（D2），ひげ，鼻で，髪の毛（D9）ですか。

第1章　留年した大学生

スコアの継列

Card	Resp. No.	Location and DQ	Loc. No.	Determinant(s) and Form Quality	(2)	Content(s)	Pop	Z-Score	Special Scores
I	1	WSo	1	Fo		Ad		3.5	
	2	WSo	1	Fu		Ad		3.5	
	3	WSo	1	Fo		Ad		3.5	
II	4	D+	1	FMpo	2	A	P	3.0	
III	5	D+	1	Mao	2	H, Id	P	3.0	GHR
IV	6	W+	1	Mpo		H, Hh	P	4.0	GHR
	7	Wo	1	Fo		Bt		2.0	
V	8	Wo	1	FMpo		A	P	1.0	
	9	Wo	1	Fo		A		1.0	
VI	10	Wo	1	Fo		Bt		2.5	
VII	11	W+	1	Mpo	2	H	P	2.5	GHR
	12	Ddo	99	FMa−	2	A			
VIII	13	D+	1	FMao	2	A, Ls	P	3.0	INC
IX	14	WSo	1	F−		Hd		5.5	PHR
	15	DSo	1	Fo	2	Ad		5.0	
X	16	Do	1	FMa−	2	A			
	17	DdSo	22	F−		Hd			PHR

Summary of Approach

I	: WS.WS.WS	VI	: W
II	: D	VII	: W.Dd
III	: D	VIII	: D
IV	: W.W	IX	: WS.DS
V	: W.W	X	: D.DdS

第Ⅱ部　事例研究

構造一覧表

Location Features		Determinants			Contents			S-Constellation		
Zf	= 14	Blends	Single					☐	FV+VF+V+FD > 2	
ZSum	= 43.0				H	=	3	☐	Col-Shd Blends > 0	
ZEst	= 45.5	M	=	3	(H)	=	0	☐	Ego < .31 or > .44	
		FM	=	5	Hd	=	2	☐	MOR > 3	
W	= 10	m	=	0	(Hd)	=	0	☐	Zd > ± 3.5	
(Wv	= 0)	FC	=	0	Hx	=	0	☑	es > EA	
D	= 5	CF	=	0	A	=	6	☐	CF+C > FC	
W+D	= 15	C	=	0	(A)	=	0	☐	X+% < .70	
Dd	= 2	Cn	=	0	Ad	=	4	☑	S > 3	
S	= 6	FC'	=	0	(Ad)	=	0	☐	P < 3 or > 8	
		C'F	=	0	An	=	0	☐	Pure H < 2	
DQ		C'	=	0	Art	=	0	☐	R < 17	
	(FQ-)	FT	=	0	Ay	=	0	2	Total	
+	= 5 (0)	TF	=	0	Bl	=	0		**Special Scores**	
o	= 12 (4)	T	=	0	Bt	=	2		Lvl-1	Lvl-2
v/+	= 0 (0)	FV	=	0	Cg	=	0	DV	= 0 x1	0 x2
v	= 0 (0)	VF	=	0	Cl	=	0	INC	= 1 x2	0 x4
		V	=	0	Ex	=	0	DR	= 0 x3	0 x6
Form Quality		FY	=	0	Fd	=	0	FAB	= 0 x4	0 x7
	FQx MQual W+D	YF	=	0	Fi	=	0	ALOG	= 0 x5	
+	= 0 0 0	Y	=	0	Ge	=	0	CON	= 0 x7	
o	= 12 3 12	Fr	=	0	Hh	=	1	**Raw Sum6**	=	**1**
u	= 1 0 1	rF	=	0	Ls	=	1	**Wgtd Sum6**	=	**2**
−	= 4 0 2	FD	=	0	Na	=	0	AB	= 0	GHR = 3
none	= 0 0 0	F	=	9	Sc	=	0	AG	= 0	PHR = 2
					Sx	=	0	COP	= 0	MOR = 0
		(2)	=	7	Xy	=	0	CP	= 0	PER = 0
					Idio	=	1			PSV = 0

RATIOS, PERCENTAGES, AND DERIVATIONS

R = 17		L = 1.13		FC : CF+C	= 0 : 0	COP = 0	AG = 0
EB = 3 : 0.0		EA = 3.0	EBPer = N/A	Pure C	= 0	GHR : PHR	= 3 : 2
eb = 5 : 0		es = 5	D = 0	SumC' : WSumC	= 0 : 0.0	a : p	= 4 : 4
		Adj es = 5	Adj D = 0	Afr	= 0.42	Food	= 0
FM =	5	SumC' = 0	SumT = 0	S	= 6	SumT	= 0
m =	0	SumV = 0	SumY = 0	Blends : R	= 0 : 17	Human Content	= 5
				CP	= 0	Pure H	= 3
						PER	= 0
						Isolation Index	= 0.18
a : p	= 4 : 4	Sum6 = 1	XA% = 0.77	Zf	= 14	3r+(2)/R	= 0.41
Ma : Mp	= 1 : 2	Lvl-2 = 0	WDA% = 0.87	W : D : Dd	= 10 : 5 : 2	Fr+rF	= 0
2AB+(Art+Ay)	= 0	WSum6 = 2	X-% = 0.24	W : M	= 10 : 3	SumV	= 0
MOR	= 0	M- = 0	S- = 2	Zd	= -2.5	FD	= 0
		M none = 0	P = 5	PSV	= 0	An+Xy	= 0
			X+% = 0.71	DQ+	= 5	MOR	= 0
			Xu% = 0.06	DQv	= 0	H : (H)+Hd+(Hd)	= 3 : 2

| PTI = 0 | ☐ DEPI = 3 | ☐ CDI = 3 | ☐ S·CON = 2 | ☐ HVI = No | ☐ OBS = No |

第1章　留年した大学生

布置記録表

S-Constellation（自殺の可能性）
□ 8つ以上該当する場合，チェックする 注意：15歳以上の対象者にのみ適用する
□ FV+VF+V+FD＞2 □ Col-Shd Blends＞0 □ Ego＜.31 or ＞.44 □ MOR＞3 □ Zd＞±3.5 ☑ es＞EA □ CF+C＞FC □ X+%＜.70 ☑ S＞3 □ P＜3 または ＞8 □ Pure H＜2 □ R＜17
2　Total

PTI（知覚と思考の指標）
□ （XA%＜.70）かつ（WDA%＜.75） □ X-%＞.29 □ （Lvl-2＞2）かつ（FAB2＞0） □ （R＜17 かつ WSum6＞12）または 　（R＞16 かつ WSum6＞17） □ （M-＞1）または（X-%＞.40）
0　Total

DEPI（抑うつ指標）
□ 5つ以上該当する場合，チェックする
□ （FV+VF+V＞0）または（FD＞2） ☑ （Col-Shd Blends＞0）または（S＞2） □ （3r+(2)/R＞.44 かつ Fr+rF＝0） 　または（3r+(2)/R＜.33） ☑ （Afr＜.46）または（Blends＜4） □ （Sum Shading＞FM+m） 　または（SumC'＞2） □ （MOR＞2） 　または（2xAB+Art+Ay＞3） ☑ （COP＜2）または 　（[Bt+2xCl+Ge+Ls+2xNa]/R＞.24）
3　Total

CDI（対処力不全指標）
□ 4つか5つ該当する場合，チェックする
☑ （EA＜6）または（Adj D＜0） ☑ （COP＜2）かつ（AG＜2） ☑ （Weighted SumC＜2.5） 　または（Afr＜.46） □ （Passive＞Active+1） 　または（Pure H＜2） □ （SumT＞1）または（Isolate/R＞.24） 　または（Food＞0）
3　Total

HVI（警戒心過剰指標）
□ 1が該当し，かつ他が少なくとも4つ以上該当する場合，チェックする
☑ (1) FT+TF+T＝0 ☑ (2) Zf＞12 □ (3) Zd＞+3.5 ☑ (4) S＞3 □ (5) H+(H)+Hd+(Hd)＞6 □ (6) (H)+(A)+(Hd)+(Ad)＞3 ☑ (7) H+A:Hd+Ad＜4:1 □ (8) Cg＞3

OBS（強迫的様式指標）
□ (1) Dd＞3 ☑ (2) Zf＞12 □ (3) Zd＞+3.0 □ (4) Populars＞7 □ (5) FQ+＞1
□ 1つ以上該当する場合，チェックする
□ Conditions 1 to 5 are all true □ 2 or more of 1 to 4 are true 　かつ FQ+＞3 □ 3 or more of 1 to 5 are true 　かつ X+%＞.89 □ FQ+＞3 かつ X+%＞.89

第Ⅱ部　事例研究

2．エクスナーによる解釈

1）鍵変数

　最初に該当する鍵変数はハイラムダです。ラムダの値は1.13で，ラムダが0.99よりも大きい場合にハイラムダと位置づけられます。ただ率直に言って0.99という値で区切るのが適切かどうかについては若干疑問を持っています。実際，何年にもわたっていろいろな国の研究者から疑問が寄せられています。

　ハイラムダのケースを解釈する際に気を付けなければならない要素の一つとして，記録の長さがあります。反応数が14，15，16くらいのプロトコルでハイラムダの場合には，本当にその人の基本的な反応スタイルと受け取ってよいのか，あるいはテストを受けることに対する反応なのかの判断ができません。この解釈についてはかなり保守的な立場を取っているのですが，ハイラムダでしかも反応数が17を下回る場合には，テスト状況に対する防衛的な気持ちが働いているのではないかと解釈しています。ただそのことは証明できていません。この仮説を証明しようとしていくつか研究も行いましたが，得られたデータからは立証できませんでした。それでも皆さんへアドバイスしたいのは，17を下回る反応数しかないハイラムダのケースの場合，第1番目の仮説として考えるべきことは，この人がロールシャッハ・テストを受けるに当たって非常に防衛的になっていて，十分に表現してくれていないのではないかということです。もう一つ疑問が出てきます。ハイラムダでかつ反応数が少ない場合には，そこに出てきたものが本当に信用してよいものかどうかという疑問です。これに対する唯一の答えは，少なくともそこに表れているいくつかのものは信用できる，ということです。ただ，それぞれの変数の値を解釈するに当たっては，慎重な姿勢が必要であると思います。

　この記録には反応が17しかありません。ぎりぎりの最低のラインです。こういう結果を前にしますと，この人はテストを受けることに対して防衛的になっているのか，あるいは，これはこの人の一貫した反応スタイルなのだろうかと自問自答しなければなりません。データ全体を眺めますと，おそらくこの人の一貫した反応スタイルを表しているデータだと思います。その理由を説明し

ます。まずEBの右辺が0です。5個の人間反応があります。Zfが14。一般的には，防衛的な人にはZfはこんなに高くなりません。また，人間反応もそんなに出ません。典型的な防衛的な人は，DQvの反応をしますし，色彩反応も出します。ところがこの人にはそれらは全然出ていません。人間反応が5，Zfが14，DQvが0，色彩反応も0です。こういうことすべてから，たぶんこの記録は信用できると思います。おそらくこの人の日常生活のあり方が表れていると解釈してよいと思います。これらのことから引き出される結論は，ハイラムダ・スタイルはこの人の一貫した対処スタイルになっているということです。

2）ハイラムダ・スタイル

　ハイラムダ・スタイルがどういうものかを理解するのはとても大切なことです。まずはじめに，ハイラムダ・スタイルは，たとえば内向型か外拡型か，その人が消極的であるのか，警戒心過剰なのかということと同じように，その人自身の基本的な反応スタイルとして考えなくてはいけません。この3～4年のことですが，私は回避スタイルという概念を用いるようになっています。なぜかと言えば，回避することが，ハイラムダ・スタイルの人の基本的な目的だからです。複雑なものは何でも回避したい，曖昧な状況をとにかく回避したい，とにかく世界を単純化して受けとめたいということです。これは子どもの発達過程において非常によく見られる反応スタイルです。

　15年前に発表した研究結果があります。その研究では，まず8歳の子どもたちにロールシャッハ・テストを行い，16歳に達するまで2年ごとに再テストを続けました。この研究の目的は，同一年代の子どもたちのどのような変数が2年間信頼性が高く一貫しているのかを理解することでした。16歳のときに最後の再テストが終わりましたが，このデータを分析するに当たって，当初ラムダにはあまり注意をはらいませんでした。それよりもむしろ，テスト間の相関を取り，年齢が高くなれば安定してくるけれども，年齢が低いときには非常に変化が激しい変数はどれかといったことが主な焦点になっていました。最初は75名の子どもたちが参加しました。被検者にはお金を支払っていたので

すが，再テストに来てもらうために，1回1回支払うのではなく，その子どもたちの口座に振り込むようにしました。しかしそれでも8年の間には何人かは途中でドロップアウトしてしまいました。結局，8歳から16歳まで全部のテストを受けてくれた子どもは55名となりました。4年ほど前，私はラムダの問題について非常に頭を悩ませていました。そのときに，同僚に，そのときのデータの中で何人がハイラムダだったかを教えてもらいました。さらに，8歳時のテストでハイラムダがついて，それがずっと続いた子どもたち，つまり10歳になっても12歳になっても14歳になってもハイラムダであった子どもたちがいるかどうかを調べてもらいました。この子どもたちは何の問題もない，つまり健常で患者ではない子どもたちでした。8年間のテスト期間中に，誰も重篤な適応障害を引き起こしませんでした。同僚がこのデータを調べたところ，驚くべき所見が得られました。55名のうち43名の子どもが，少なくとも1回はハイラムダであったという結果でした。しかし16歳のときにハイラムダであった子どもは，55名中1名しかいませんでした。そしてハイラムダが2回ついた子どもは6名しかいませんでした。この2回ついた6名は，10歳から12歳の期間にハイラムダを2回出していました。つまり10歳のときにハイラムダがついて，12歳のときにもハイラムダがついていました。しかし14歳のときには，それが消えていました。被検者数が大きいサンプルではないことはもちろんわかっています。しかしここから，少なくとも，ほとんどの子どもたちというのは非常に重要な発達期，特に思春期中期の前ぐらいまでの間に自然なこととしてハイラムダ・スタイルを持つ時期があるのだということは言えるのではないかと思います。言い換えると，おそらくその期間は人によって2年なのか3年なのか，4年か5年かはわかりませんが，それくらいの期間，子どもたちは複雑なものに対処するよりは，それらをとにかく単純化しようとする傾向を持つ時期があるのではないか，その方が処理しやすい時期があるのではないかと思います。しかし11歳から13歳くらいまでの間に大脳皮質が充分に発達することによって，このように単純化をする必要がなくなり，そしてそのスタイルが放棄されるのではないかと思います。そうすると，大人になっているのに回避スタイルである，ハイラムダであるということはどういうことなの

かという疑問が出てきます。このようなケースの場合は，神経学的な発達に見合うだけの心理学的な発達ができなかったのではないかという気がしています。これは憶測の域を出ない仮説ですが，この仮説が正しいことを検証する唯一の方法は，この人のこれまでの行動，特に思春期の行動を丁寧に見直すことだと思っています。

　それからもう一つ別の仮説もあります。それは，たとえばこの人を含めて多くの人たちは，発達の過程において回避スタイルを使って過ごしてきた，そしてその後で，内向型とか外拡型など別の対処方式を開発したのだけれど，後になって自分で見出した対処方式がうまくいかなかった。世の中の複雑さをうまく処理できなくて，一種の退行現象を起こし，もっと子どもっぽい回避スタイルで処理しようとしたのではないかというものです。

　この２番目の考え方を支持するデータはあります。少なくとも間接的な意味でのデータはあります。閉鎖性の頭部損傷を受けてから10週間から12週間以内にロールシャッハ・テストを受けた人たちの90％がハイラムダ・スタイルでした。これらの患者さんたちに精神病の既往歴はありません。たとえば自動車事故に遭ってフロントガラスに頭を突っ込んだとか，そういう経験を持つ人たちです。しかも頭蓋骨を骨折したということではありません。ただ脳震盪でかなりの衝撃を受けて，ほとんどの人が，事故に遭ってから数分，長い場合では１時間くらい意識を失っています。すべての人に入院治療が必要でした。神経心理学的検査を行いますと，認知能力にかなりの低下が見られました。もちろん，この人たちは脳損傷を受けたことによって，神経学的に回避スタイルであるハイラムダが生じるようになったのではないかという考え方も確かにあります。しかし，それが本当に信用できる仮説なのかどうか，神経学的な観点からすると疑わしいと思います。私が共同研究している神経学者や神経心理学者のほとんどは，その仮説を否定し，単に退行現象を起こしたのだろうという考え方を支持しています。つまり，発達早期に使っていた，より簡単な対処方式を使用するようになったのであろうという意見が大半でした。ということで，このケースを検討していくに当たっては，今紹介した二通りの可能性を頭に入れておきたいと思います。

第Ⅱ部　事例研究

　１番目の仮説は，この回避スタイルが単なる保続によるものであり，9歳か11歳か12歳くらいのときに身に付けて以来，ずっと用いている洗練されていない子どもっぽい対処アプローチだという仮説です。２番目の仮説は，本当はもっと複雑なレベルの高い対処法を編み出してはいたのだけれども，何かのきっかけで退行現象を起こし，再び子どもっぽい単純化した対処スタイルに戻ってしまったというものです。どちらが正しいのかをここで検討しても結論が出せないかもしれません。通常はロールシャッハ・テストの結果からだけでは結論は出せません。それからこの人の生活歴を読みましても，あまり役立つような材料はありません。生活歴のある部分を読みますと，発達上の問題もあるのではないかとも思います。別のところを読むと，退行したのかなという気がします。小学校ということですから，だいたい10歳，11歳ということなのですが，そのときに中学校への進学のための受験に失敗しています。私はこの人は頭が悪いのではないと推測しています。しかし，一生懸命勉強をして受験をするけれども失敗してしまう。なぜ失敗してしまったかという理由の一つは，たぶん複雑な環境にうまく対応できなかったからではないかと思います。その後，大学への受験でもまた失敗しています。どの試験を受けても落ちてしまうわけですから，頭が悪いからという考えも出てくるかとは思います。しかし，頭が悪くないのに試験に失敗し続けるということは，ひょっとすると，こういう回避スタイルが原因になっているのかもしれません。

　もう一つ，別の角度から検討しなければいけないことがあります。大手の会社から就職の内定をもらった途端にパニック反応か何かを起こして，結局留年してしまったということです。これは退行現象と言える行動だと思われます。つまりちょっとマゾヒスティックな傾向が見られるのです。大学に入って伸び伸びサッカーに打ち込んだものの留年してしまい，もらった内定も取り消されたという状態です。そういう人というのは，自らに罰を下しているとも考えられます。もちろん，そうすることによって他の人にも罰を与えているのです。何よりも，とにかく複雑な状況を避けているのです。このようにすれば，期末試験も受ける必要がありませんし，複雑な内容の仕事に就く必要もありません。つまり有能な大人としての責任を引き受ける必要もない，もっと単純に生きて

いくことができると思っています。これら全部が、回避スタイルの特徴なのです。

　大人の非患者群を見ますと、8％～15％くらいに回避スタイルであるハイラムダ・スタイルが出現します。しかし、この人たちは何の問題も抱えてはいません。非常に興味深いことに、この人たちの中にはいろいろな職業で成功している人たちがいるのです。私の親友が二つの航空会社でパイロットに応募した人たちの評価を行っているのですが、採用された優秀な人たちのだいたい20％近くがハイラムダということです。つじつまが合わない感じがするかもしれませんが、実はそうでもないのです。というのは、最新型の航空機を操縦するのは毎日代わり映えのない操作が必要とされます。つまり正しいボタンを選択して、正しい数値をコンピュータに入力することが求められます。別の友人は、ある工場の中間管理職の評価を行っています。対象者はすべて男性ですが、そのうちの15％にこの回避スタイルが認められると報告しています。この人たちと、たとえば内向型の人たちの業務との間に何か違いはないかと彼に聞いてみました。つまり、両者の間に職業上の何らかの差異はないのかと聞いてみましたが、ある特定の業務を絞り込むことはできなかったようです。ただ一つだけ、回避スタイルの人たちの共通項として浮かび上がってきたのは、わりと単純な、毎日繰り返しの作業が多い仕事だったということです。会計士、コンピュータ・プログラマー、契約弁護士などです。そこにある共通項というのは、まず毎日やることがだいたい同じであるということ、それから非常に正確さを要求されるということ、また仕事もきちんと単純に規定されているということ、また予期しないような何か曖昧なことが起こることも少ないし、非常に複雑でもない仕事ということです。

　この問題について長々と解説しましたが、それはこの問題がとても重要で皆さんに十分理解していただきたいからです。是非、正しく理解していただきたいと思います。回避スタイルが存在するからといって、病的であるとは必ずしも言えませんし、また、そのうちに適応障害が起きると必ずしも言えません。しかし、回避スタイルが存在するということは、たとえば環境が求めてくるものに対して柔軟に対応する能力に、ある程度制限があるということを表してい

ます。こういう制限があるために，適応上の問題を起こしやすいと言えます。それがこのケースに認められると思うのです。

　私がこの人の年齢だけを知っていて，この構造一覧表のこの部分だけを見せられたとします。「この人は学生なのだけれども，どんな生活を送っていると思いますか？」と聞かれたら，「あまりうまくいってないんじゃないの」と言うと思います。すると「成績がよくないとかそういうことか？」と聞かれます。「それはわからないが，でもそうだとしても驚かないね」と答えます。特に，非常に複雑であるとか，あるいは曖昧な側面を持つような学術分野に籍を置いているということであれば，たぶん成績が悪くても驚かないと思います。しかし，たとえば今勉強しているのが会計学か何かであれば，たぶんうまくやっているのではないかと思います。非常に単純なものだからです。これがこの青年の心理的な核になると思います。この人は複雑なものをできる限り回避したい。この人にとっては曖昧なことに対処する必要性を最小限にすることがとても大切なのです。

　ハイラムダ・スタイルの人を検討していくときには，認知の三側面から見ていくわけですが，この場合はまず情報処理から見ていきます。情報処理，認知的媒介，思考の順に見ていき，その後，統制，感情，自己知覚，対人知覚の順番で見ていきます。

　情報処理の過程を検討する前に，一つ気になったことがありますので，それをまず検討しておきたいと思います。それはEBの右辺が0であることです。このEBのどちらかの辺が0で，その反対側の辺にある程度の数，たとえば3とかがある場合には，かなり特殊な状況であると言えます。もしこれが，左辺が0で右辺が3ということであるならば，考えられるのは，感情に溺れているといいますか，圧倒されている状態にあるということです。つまり感情が強過ぎてじっくり物事を考える邪魔をしているという状態です。このケースは0が右辺にきています。これはものすごい感情の萎縮が起こっているということです。つまり，感情に蓋をすることに非常に努力しているということが示唆されます。おそらくこのことが，これ以外のすべての心理的機能に影響を与えていると思われます。

3）情報処理

　まずZfですが，14あります。これは多いです。よく努力をしているという証拠です。つまり刺激野を統合しようと努力しています。W：D：Ddが10：5：2であり，あまり効率的ではないことを示しています。Dの反応はより効率的な反応で，W反応は図版Ⅴ以外では「自分はがんばるぞ，すべてを処理するぞ」といった意味になります。それからZdが-2.5。0と同じことなので，この人の刺激走査は効率的だということです。ここまで見た限りでは非常によいと思います。でも実際はそれほどよくはありません。それはDQ+が5しかないからです。こんなに努力をしているのに，その割には統合されていないということになります。それからW：Mが10：3。このケースは，手続き上は内向型ということですが，本当にそうかどうか，私は確信が持てません。と言いますのは，EBのどちらかの辺が0の場合は非常に解釈が難しいからです。この人が内向型なのか外拡型なのか，あるいは不定型であるのかはさておき，このWとMにはかなりの差があります。つまり自分が効果的に処理できる以上のものを，能力をはるかに超えて引き受けてしまっているということです。これは子どもにありがちな反応です。たとえば被検者が9歳，10歳，11歳くらいですと，W反応をたくさん出します。つまり効率的にやろうという気は全然ないわけです。図版全体でやるよ，という感じでやります。わざわざ分割して部分で反応するよりも，「インクブロットを見せてごらん，それが何か言ってあげよう」といった感じでやります。こうしたやり方は10歳前後の子どもであれば，まったく問題はありません。しかし24歳の男性では受け入れがたいと思います。明らかに情報処理上の問題があると考えられます。

　スコアの継列を見てみると，非常に単純な人であることがわかります。最初の図版ではW，W，Wと三つともWです。あまり賢くないアプローチです。次の図版Ⅱと図版Ⅲにいくと，ここは分割されています。つまり，この人は「これはWでは扱わないぞ」と言っているようです。複雑過ぎるからです。図版Ⅳと図版Ⅴと図版Ⅵは全部Wです。「あんまりじっくりと見る気はないよ，全部一度にやってしまいましょうよ」というふうに言っているようです。何となく愚かな感じです。愚かですし，効率が悪いです。この人の回避スタイルと

真っ向から逆行するようなやり方なので効率が悪いわけです。単純で，かつ，よくない判断をしていると言えます。これはこの人の生活の問題と関係しているのだと思います。

4）認知的媒介過程

認知的媒介はあまり悪くはありません。平凡反応は 6 個。X+% ＝ 0.71。Xu% ＝ 0.06。つまり XA% ＝ 0.77 で結構です。この X+% ＝ 0.71 であるということは，たいていの場合，この人はきわめて慣習的な反応を示しているということです。一方，X-% ＝ 0.24 の方は，X-% が 0.20 を超えると，ちょっとまずいぞと解釈するべきです。なぜマイナスがこんなに多いのか，ということを考えなければなりません。マイナスは一体どこについているのかを考えます。いつ，どういうときにマイナス反応が出るのか。もう一度スコアの継列を見ます。図版Ⅶの 2 番目まではマイナス反応が出ていません。それから図版Ⅷですが，マイナス反応は 1 個です。そしてこの人はここで複雑過ぎる刺激領域，図版Ⅸに直面します。おそらく，この図版Ⅸがすべての図版の中でもっとも曖昧な形態であると思います。そして図版Ⅹが一番複雑な図版であると思います。そして 4 個のマイナスのうち 3 個がこの二つの図版で見られています。これらは色彩のついた図版でもあることを忘れてはいけません。つまり感情的な刺激を含んだ図版です。この人は感情的に萎縮した人であると言いました。感情が外に出ないように，一生懸命努力しています。感情を抑え付ける一つの方法として考えられるのは，そういう刺激野を抑える，あるいは歪めてしまうことです。結論を言いますと，通常はこの人の刺激野の翻訳は適切であるし，慣習的なものではあるのですが，その刺激野に感情を刺激するような要素が入ってくると，それを歪めてしまう傾向があると言えるでしょう。

5）思考

EB を見ると内向型であることがわかります。しかし，繰り返しになりますが，このように EB の一方が 0 になっている場合は，これを額面通りに受け取ってよいのかどうかは慎重に考えた方がよいでしょう。内向型かないしは不定

型という可能性があります。おそらく不定型である確率の方が高いと思います。なぜかと言えば，Mは3個しかないからです。内向型の人のMは3個より多く出るのが普通です。そして，不定型であるからこそより試行錯誤を繰り返すということです。実行に移るまでに何度も何度も考えなければいけない傾向があるのだと思います。ebの左辺が5，FMが5で，これについて特に言うことはありません。高いかどうかということでちょっと考えてみたのですが，高いとは言えないだろうと思いました。このケースの場合，少し躊躇するのは，比較的短い記録だったからです。反応数は全部で17しかありません。それを考えれば，FMが5というのはちょっと高いかなという気はしますが確信はありません。ここから深い解釈を引き出すのはやめておいた方がよいと思っています。

　他の変数を見ていきましょう。a：pですが，4：4であまり意味はありません。ただ一つ言わなければならないのは，柔軟性に欠けるとの証拠はありません。Ma：Mpは1：2です。Mpの方がMaよりも大きいということは，空想の使い過ぎという問題を示しています。回避スタイルを持っている人たちの間では，これは珍しいことではありません。世界の複雑さを避けるために，簡単に空想の世界に逃げ込んでしまうのです。ファンタジーの世界の中にいると，自分の自由にできるのです。空想の世界に逃げ込むというのは誰もがやっていることです。少なくとも私はやっています。そのこと自体はよいと思います。自分の欲求を満たすことができますし，やりたくないことを避けることができます。しかしあまりたくさんはやらないようにしたいと思います。でもこの人はやり過ぎです。あまりにもたくさんの空想を描き過ぎます。現実を避けるためにやっているわけですが，これはこの人にとっての基本的な防衛としてやっているのです。自分がこの人を治療する場合，あるいは治療者にテスト結果を報告する場合には，このことは特に重要な点です。治療の主たる目的は，この回避スタイルを取り除くということになるでしょう。複雑なあるいは曖昧な状況に対してもっと快適にそして適切に対処できるようになる，ということが治療の目的になります。しかしそういう治療者の努力に対して，この人はすぐに現実を避け，空想の世界に逃げ込むといった，防衛的な態度を取って抵抗しよう

とするでしょう。治療者にとってはあまり有難くないタイプの患者です。とにかくやってきて，椅子に座り込んで，黙りこくっている，というような患者です。「今日は何について話しますか？」などと治療者の方は呼びかけてみます。「わかりません」「何か起こったことを教えていただけますか？」「何にもありません」。その後沈黙が続きます。それで治療者は困って耳をほじったり，足でコツコツと床を蹴ったり，だんだん憎たらしくなってくるわけです。そして，待ちます。最後はイライラしてきて，「そうですね。今，考えていたことを教えてください」と聞きます。そうすると何て言うでしょう。「え？ 何にも考えていませんでした」。とにかく手強い患者です。「わからない」としか言ってくれませんから。「今の気持ちはどうか」というふうに聞いてみたらどうでしょう。「何にも感じていません」と答えるでしょう。何しろ感情を押し殺している人ですから，たぶん感情のこと，気持ちなんかについては何も言ってくれないと思います。

　次のステップを見ると，M–は０です。知性化もしていません。特殊スコアは１個しかありません。INCOMが１個ありますが，特に心配のタネにはなりません。たぶん思考はクリアなのでしょう。ただそれを話してくれないのです。

6）統制

　次に統制を見ていきましょう。この人は感情を押し殺している人ですから，統制のところはとても大事です。人間は感情を押し殺した状態を長い間続けることは不可能です。人間には感情というものがありますから，感情の存在を否認し続け，感情に対して反応しないでいることはできないのです。感情を押し殺しているような人を見たら，いつ感情が爆発するだろうかという心配をしなければいけません。爆発したときに，その人がどれくらいダメージを受けるのかを心配しなければなりません。この疑問に答えるアプローチの一つは，Dスコアを見ることですが，それよりももっと重要なのは，EAを見ることです。なぜEAの方が重要かというと，Dスコアの信頼性と直接結びついているからです。このケースは，$D=0$, $es=5$です。そうするとEAは少なくとも７くら

いは欲しいですね。とにかく，感情を押し殺しているような人は見たくないのですが，ただもしそうであるならば，その状態をずっと続けられるだけの十分な資質があって欲しいのです。EA＝7で，es＝5だとすると，やはりD＝0になります。ただこの場合はEAが3しかありません。esはすでに5あります。D＝0ですが，下手をすると過負荷状態に落ち込んでいく危険性があると思います。ですから，FMかm，あるいはTでもYでもC'でもVでもいいのですが，どれかに1個でも加わったらDがマイナスになり，もうそれだけで過負荷状態になってしまうということです。そういう意味で，あとちょっとで過負荷状態になってしまうぎりぎりの状態であることがわかります。EA＝3というのは，非常に貧しい状態です。

　私は先ほど仮説の1番目として，この人のハイラムダ・スタイル，つまり回避スタイルというものが発達上の問題ではないかと言いましたが，EAが低いということは，これをかなり支持します。たとえば，このプロトコルを持ってきて，この人は最近大きな自動車事故に遭って頭蓋骨を骨折こそしなかったけれども頭部に損傷を受けたのだよ，と私に説明してくれたら，「これは典型的なものである」とすぐに言うと思います。発達上の問題があるとか，退行上の問題があるとか，それははっきりしないけれども，そういう経歴があるのであれば，退行現象であるということが言えるかもしれない，などと言うと思います。しかしこの人の場合は自動車事故に遭ったわけではないですし，頭の損傷があったわけでもありません。それから非常に強い薬を服用しているわけでもありません。ただ，人間は発達するためにいろいろな経験をするわけですが，この人は，いわばその経験の前にドアを閉め，そのドアの後ろに引っ込んでしまっていたような状況があったのではないかと思います。この人の経歴を読むと，お父さんがすごくやかましい人であったようです。ですから非常に力の強いお父さんの要求の前に圧倒されて萎縮してしまい，それでこのような状態になってしまったというのはわかるような気はします。ただ，原因はともかくも，現在の問題は非常に深刻であるように思います。

7）感情

　この人は感情を押し殺しているだけではありません。感情のクラスターは非常に貧しい内容になっています。Afrは非常に低くて，0.42しかありません。このようにAfrが低い人の場合，たいていは感情的な刺激に対処するのを怖がっていて，なるべくそれを避けようとしていると言えます。つまり感情的な引きこもりの現象です。それから，たくさんの空白反応があります。6個もあります。非常に怒りをため込んでいます。おそらく怒りがたまっているので感情を押し殺しているのではないかと思います。自分の感情が外に出ないようにコントロールすることで，怒りが外に漏れないようにしているのではないかと思います。ですから怒りの表現をかなり間接的にやっていて，たとえば試験に失敗するのもそうですし，留年してしまったり，会社の内定が取り消されるような状況を作ったりするのもそれに当たります。

8）自己知覚

　それでは次に自己知覚，そして対人知覚について見ていきたいと思います。自己中心性指標は平均域に入っています。自尊心が低下してしまっていることはないようです。警戒心過剰でもありません。内省するということもありません。MORが0ですから悲観的でもなく，自己損傷感もありません。何にも当てはまりません。まとめるとゼロになってしまいます。あまり資質がないので，どれにもなり得ないのです。

　非常に未熟で単純な人です。Pure H反応は3個あります。それらの反応を読んでみるとよいかもしれません。そこから自分自身をどう思っているのかを引き出せるかもしれません。まず反応5ですが，「人が2人いる」，2人が向き合っていると後で言っています。荷物を持っているとも言っています。つまり，召使いみたいな人です。次が反応6「男の人が椅子に座っている」「ダーンって足を出して，腕組んでる」。反応11「子どもが2人向き合っている」。これらの反応はいずれも受動的で，洗練されていない反応です。たぶんそれは自己知覚の一部を表しているのではないかと思います。実際のところ，このすべての反応に自分をどう見ているのかが何らかの形で表れているのではないかと思

第1章　留年した大学生

います。

　役立つと思ってよくやることがあります。自分がテストを受けたときにそのプロトコルのどの反応をしたいと思うだろうかと考えながら反応をずっと読んでいき，その中にどれくらい自分が気に入る反応があるのかを数えてみるのです。ここでは，どの反応もしたいとは思えません。最初にネコと言い，それから，ウサギ。キツネ。2匹のイヌが鼻と鼻を寄せ合って向かい合っている。それから，2人の人。それから，椅子に座っている男。木。羽を開いているチョウチョ。鳥。木の葉。2人の子ども。ウサギ。アライグマ。人間の上半身。クマ。いろいろな動物が跳んだりはねたりしている。ひげを生やしている人の顔。17個の反応でどれくらい自分が使いたい反応がありましたか？　これらは少年が出す反応に近いものです。非常に乏しい反応です。いわゆる洗練されたところがありません。ニキビがいっぱいあるような13歳の怒れる少年だったら，こういう反応を出すかもしれません。24歳の大学4年生から得られるべき反応ではありません。どんな対人関係を持っているのか想像できますか？　この生活歴からはあまりうかがい知ることはできないのですが，付き合った女の子が1人いたけれども，好きではなかったので負担になっていた，と言っています。これも非常に愚かなことではないでしょうか。あまり好きでもない女の子と，なぜ付き合うのでしょう。これなども作話的結合のようです。好きだから付き合うのではないかと思うのですけれど。

　それでは5個の人間反応がありますので，これをGHRとPHRに分けて検討してみたいと思います。最初は反応5です。これはGHR。次は反応6で，これもGHR。次は反応11で，これもGHR。次の反応14はPHR。反応17はPHR。すると，GHR：PHRが3：2になります。肯定的に解釈されるのは，GHRとPHR+1を比較して，GHRの方が上回っている場合です。この場合はそうはなりません。このことから考えると，自分に対する知覚，ひいては人に対する知覚は非常に原始的なもの，慣習的なものであり，洗練されておらず，未熟なものであることがわかります。

9）対人知覚

残りのデータを見ます。対人関係における知覚ですが，ここのデータはほとんどないと言ってもよいわけで，COPもありませんし，AGもついていません。孤立指標が高まっていないのには少々驚きます。私がもっとも驚かされるのは，CDIが陽性ではないことです。私自身は，この人は社会的能力にかなり問題があるのではないかと密かに思っています。つまり，とても未熟で，自分のことも他人のこともよく理解していない。自分の感情を非常に恐れているため，怒りを感じているにもかかわらず，それを内面に抱え込んでしまっているのではないかと思います。もし，この人を治療しようと考えているのであれば，まず，発達上の大きな問題に対処しなければなりません。治療を成功させることができる治療者は，この人ができるだけ幅広くさまざまな種類の今以上に成熟した社会的スキルを身に付けられるよう手助けするでしょう。しかし治療は，三つの理由で非常に複雑で難しいものになると思います。第一に，この人は回避スタイルを身に付けてしまっていますので，複雑なことはやりたくないと思っている点です。2番目は，感情的に非常に萎縮した状態にあるため，社会的スキルを身に付ける過程で，誠実に取り組み努力してくれるとは思われないという点です。3番目は，非常に怒りがたまっていて，しかも怒りが受動的な形を取って間接的に出るということです。たとえばどういう形で出たかといいますと，試験に失敗する，留年してしまう，内定を取り消されるなどです。そのため表面上は一生懸命にやっているように見えますが，現実には一番大切なときになると失敗してしまうのです。

10）治療について

この人物については，これ以上私の方から申し上げられることはありません。非常に難しいケースですので，この人の治療に当たる人はかなりのお給料をいただかないと引き合いません。私は治療者のお給料はケースの難易度に合わせて変化してしかるべきだと思います。この青年には，手こずらされることでしょう。こちらがイライラさせられ，ありとあらゆる困難な状況を作るでしょう。それだけ苦しまされるわけですから，それに見合うだけの面接料をいただきま

しょう。もし本当に私のスタッフがやらなければならないとしたら，あまり午後遅くなってから予約を入れることはやめさせます。必ず朝に予約を入れてもらうようにします。朝だと治療者もまだ元気ですから，相手の言うこともよく聞けますし，対応も素早くできます。でも午後になるとどうしても疲れてきますし，イライラしやすくなり，相手の言うことをきちんと聞けなくなります。ですから，難しいケースは午前中に，というのがアドバイスです。もし皆さんが私のスタッフでこの人を治療するということであれば，私は朝の6時半に予約を設定します。それは皆さんに罰を与えるためではなく，彼自身にも一仕事させたいからです。とにかく朝早く起きて，その時間にきちんと来なくてはならない。そういうやり方をすると，私がここでは責任者なのだということを相手に知らしめることができます。そうすることによって，私の試験では失敗は許さない，と伝えることができます。

第Ⅱ部　事例研究

第2章
中年ビジネスマンの自殺を防ぐ

1．ケースの概略

　51歳の男性管理職ビジネスマン。4カ月前から「集中力がない。覇気がない」と感じるようになり，来談した。以前にうつ病から自殺企図しており，自分自身再発が不安になったという。大柄で立派な体型に上等なスーツをきちんと着て礼儀がよい。硬い笑顔を辛うじて作るが，すぐに沈うつな表情となる。額に汗しながら，要領よく病歴を語る。遺伝負因および日内変動はない。毎日ビール2本，タバコ60本のヘビー・スモーカー。

　初発は49歳時。昇格し，ある都市に転勤し副支店長となる。倒産しかかっていたこの支店を8カ月で何とか立て直した後，虚脱感に襲われ会社の倉庫で首吊り自殺を試みる。致死的な手段だったが，勢いでロープが切れ落下。10日間の膝の怪我で入院。EEGなど脳の器質的な検査では問題は指摘されなかった。

　会社は彼を別の支店に移すことで仕事の負担を軽くした。しかし，異動しても集中力に欠け仕事が手につかず，同僚からも勧められて，精神科を受診した。「昇進うつ病」の診断で約2カ月間入院することになった。抗うつ剤が著効したのか入院後3日でうつ状態は軽快した。退院後に職場復帰して1年経過したが，4カ月前より前記症状が漸増し，入院先の紹介状持参で精神科外来に来談した。

　父親は彼が2歳のときに結核で死亡した。以後，母と兄と共に貧困生活を強いられ，中学卒業後さまざまな職に就いた。「母子家庭の子ども」と後ろ指を指されまいと必死に働いた。21歳で結婚するが，24歳時彼の浮気が原因で離婚。その後も結婚の機会はあったが，仕事の方が面白く現在まで独身である。

第2章　中年ビジネスマンの自殺を防ぐ

　現在の会社には28歳より勤務。以後，営業一筋に努力し，見た目の「社交的で明るい性格」と力量を評価され，どんどんと昇進を重ねていった。しかし，彼自身「行動的である」と自己評価している一方で，「あれでよかったのか，悪かったのか」と反復して考え込むことも多かった。昇格してゆくにつれ，職場の対人関係をどのようにマネージしたらよいかにも心を砕き，「人を使う法」「人を好きになる法」などのペーパーバック本を読み漁る毎日が続いていた。傾きかけていた支店の副支店長配属はまさに「火中の栗を拾う」命を下されたようなものだと自覚して赴いた。しかし，学歴に対するコンプレックスもあり，「俺のような者が，副支店長になどなって人をひっぱっていけるのか」という思いが続いていた。自殺企図は会社の景気が間違いなく上向きになったと判断した日の昼休みだった。自分の意思とは関係ないかのようにフラフラと倉庫の方に足が向き，首を吊るための丈夫なロープと天井の梁を見つけて試みたという。彼の自殺企図は社内の同僚にとってはまさに「晴天のへきれき」だったという。

　来談後，アモキサピン50mg，イミプラミン25mg（1日量）で治療を開始し，約2カ月でほぼ軽快。以後アモキサピン20mgと就寝前のイミプラミン25mgとエチゾラム0.5mgを維持量としている。ロールシャッハ・テストは，落ち込んだり自殺に追い込まれたりしないためにはどうしたらよいかをアドバイスする目的で施行した。テストにはたいへん積極的に臨んだ。

カード		反　　応	質問段階
I	1	（どうぞ手に取って下さい）チョウチョ，イコール，ガという感じですか。	E：（被検者の反応を繰り返す。以下省略） S：両サイド，羽っていいますかね，トータル的。チョウというのは最初パッと見てチョウかなと思ったんです。
	2	怪獣の顔に見えますね。	S：くちばし，目に見えますね，角というか。
	3	昆虫ですかね，あとは……。	S：胴体で，角で，そういう。
II	4	最初見たとき，顔に見えましたね。	S：赤い覆面，ダンスしているんで

第Ⅱ部　事例研究

カード		反　応	質問段階
			ね，目，口，手を合わせている，足で弾んでいる。 E：最初見たときの顔というのを知りたいのですが。 S：これが顔で（D2），2人がダンスしている（W）と言ったんですけど。
	5	子イヌが2頭いるみたいですね。そうですね。あと結局イヌをつれたご婦人が話し合って，また，イヌが2匹話し合っているというふうにも見えますね。2人がダンスしているというふうにも見えますね。	S：顔で（D3の半分），下のここにイヌ（Dd99）。ちょっと出ているのが（D2とD2の間の点々）白熱している，〈ジェスチャーでイヌの向こうに人を示す〉，イヌはイヌで吠えている。こっちはつばを飛ばしてイヌのことは眼中にない。
Ⅲ	6	動物の顔に見えますね。	S：鼻の穴（D7）ですね。目に見えます（S）。 E：鼻の穴はどう見たらよいですか。 S：ここです。
	7	アフリカ人が2人，女性が向き合って踊っている。	S：黒人〈D9を指し示す〉。 E：黒人と見えた。 S：色黒いですし，パンチパーマ的，首長族。
	8	かわいいリスみたいのが背中向けて，何か食べているみたいに見えます。	S：目（S），手，パッと見て。 E：よくわからなかったのですが。 S：目で，手がこう何か食べているみたいにこうなってて，横向きの，そこだけです〈指す〉。目と手だけなんですが。こっちもです。
Ⅳ	9	これは大きな怪獣が下を向いているというふうに見えますね。	S：足の裏，下から見ると立体的にこう〈手で△を示す〉見えて。 E：大きな怪獣というのはどのような怪獣を見たのか教えてください。 S：獣の類ですね。
	10	それと，敷皮，下の方が顔で，敷皮ですね。	S：顔で，開かれている〈囲んで示す〉。

第2章　中年ビジネスマンの自殺を防ぐ

カード		反　応	質問段階
	11	動物の顔にも見えますね。上をメインに見るとスカンクの顔ですか。	S：鼻筋が通った顔。 E：スカンクというのはどう見たらいいですか。 S：鼻筋通ってて白っぽくなってる。
Ⅴ	12	踊り子さんが毛皮を広げているような。	S：バニーガールじゃないんですけど，両手，ジュディ・オングかなんかみたいにしていて。 E：毛皮について教えてくれますか。 S：ここのところがそれですね，手を広げていて毛皮でも着ているような。
	13	チョウにも見えるし。	S：子どもたちの学芸会でやりそうな。触角で，ダンサー。生き物のチョウより人間が衣装を着て何かチョウをやっているように見ました。
	14	両サイドがワニの顔に見えますね。	S：口を開いた，顔の部分ですね。
Ⅵ	15	何か毛皮のじゅうたん。動物のキツネみたいな感じ受けます。	S：顔，ひげがものすごいインパクトあるというか。 E：キツネはわかりました。毛皮のじゅうたんについて教えてくれますか。 S：これ全体です。
	16	んー，アジの干物〈笑う〉っていう感じですか。	S：最近アジの開き好きなもんですから。ここらへん（D1）の形ですね。
	17	人間が向こうに立っていて，影が前の方に大きくなっている感じ。両手を大きく広げていて。	S：顔，手，西日（Dd22辺り）を背にして，影が大きくなっている（D1）。 E：影と見たのをもう少し教えてください。 S：形で，パッと見えただけです。
Ⅶ	18	髪の長い女の子が両方向き合って	S：髪ですね，額，目で鼻で，向き合っ

第Ⅱ部　事例研究

カード		反　応	質問段階
		いる。踊っているという感じですね。	ている，手がこれに見える。
	19	上は楽しそうに見えて，真ん中のはにらんで，両方とも外向いているっていうか，部分的に見るとそうです。	S：両目，鼻，口元がこう。 E：それは何の顔を見たと考えたらよいのでしょうか。 S：人間じゃない，獣，悪魔みたいな。
Ⅷ	20	ムササビみたいのが両方とも木みたいのにぶらさがっていると。	S：手，足ですね。両サイドこれですね。
	21	下の方は顔，動物の顔に見えますけど，劇画みたい。頭にきて煙がパーッと出ているみたい。	S：耳から出ている（D1），耳，目，口がへの字，耳の方から煙がパッと出ている。
	22	仮面ライダー，子どもの宇宙ものの顔に見えますね。	S：目とか（D5），全体です。目と耳（D1）というかかぶっている，仮面ライダーのような。
Ⅸ	23	何か花のような感じ。	S：ピンクがものすごい。ピンクとグリーンがコントラストで絵をかくときこのように固まっている。
	24	手前に花が咲いて，奥がグリーンで林，上が紅葉，立体的に見えますね。	S：その話の続きで，そう見えました。 E：手前と奥，上に紅葉で立体的というのはどのように見たらいいのでしょうか。 S：上に紅葉があって，ずっと向こうに続く感じがするんです。
	25	何か動物が木の陰からこちらを見ているみたいです。	S：目，覗いているというか，垣根の中に隙間があって，ちょっと見える。
	26	上の二つはタツノオトシゴみたい。	S：目で（S），角，お腹ですね，尻尾がこうなってて。
	27	小ブタ，両サイド2匹背中合わせで，両サイド見ているという感じです。	S：目（S）です。鼻，足，手です。あご，胸，両方外を向いているコミック的な感じの。
Ⅹ	28	仮装パーティの衣装着ている。	S：顔（S），マントみたい，真ん中でとめている。華やかなの付けて

第 2 章　中年ビジネスマンの自殺を防ぐ

カード	反　応	質問段階
		いる。
		E：華やかなというのはどう見たらいいでしょうか。
		S：カラフルな色というか。
29	ひげを生やした中年の顔にも見えます。	S：鼻，ひげ（D10），目（D2）です。
30	中心に神経質そうな顔が見えます。	S：ここ（D6）を目として見た場合，面長，目つり上がっているので神経質そう。
31	熱帯地方の鳥が飛んでいるみたいに見えます。…………中年のひげ生やした王様みたい，おおらかな感じがしますね。	S：鳥っていうか，こういうカラフル（D15）なのがちょっと，パッと見た感じ。
32	上の方で小動物が，落ちてくる棒を支えているのか，止めているようにも感じます。	S：コオロギ（D8），上のやつ（D14）を支えているか持ち上げている。 E：コオロギを説明してください。 S：ひげみたいなのがあって，ずん胴，足がしっかりしていて。

91

第Ⅱ部　事例研究

スコアの継列

Card	Resp. No.	Location and DQ	Loc. No.	Determinant(s) and Form Quality	(2)	Content(s)	Pop	Z-Score	Special Scores
Ⅰ	1	Wo	1	Fo		A	P	1.0	DR
	2	WSo	1	Fu		(Hd)		3.5	GHR
	3	Do	4	Fo		A			INC
Ⅱ	4	W+	1	FC.Mao	2	H, Cg		4.5	COP, GHR
	5	W+	1	FD.Ma.FMa−	2	H, A, Id		4.5	FAB, PHR
Ⅲ	6	DdSo	99	F−		Ad			
	7	D+	9	Ma.FC'o	2	H, Ay	P	4.0	COP, GHR
	8	DdSo	99	FMa−	2	Ad			INC
Ⅳ	9	Wo	1	FD.Mpo		(H)	P	2.0	GHR
	10	Wo	1	Fo		Ad		2.0	
	11	Do	3	FC'o		Ad			
Ⅴ	12	W+	1	Mpo		H, Cg		2.5	GHR
	13	W+	1	Fo		H, Cg		2.5	GHR
	14	Do	10	FMpo	2	Ad			
Ⅵ	15	Wo	1	Fo		Ad	P	2.5	
	16	Do	1	Fu		Fd			DR
	17	W+	1	FD.Mpu		H, Na		2.5	GHR
Ⅶ	18	D+	2	Mao	2	Hd	P	3.0	COP, GHR
	19	Do	3	Mpu	2	(Hd)			GHR
Ⅷ	20	D+	1	FMpo	2	A, Bt	P	3.0	INC
	21	D+	2	Ma.mp−		Ad, Fi, Art		3.0	PHR
	22	Wo	1	Fu		(Hd), Sc		4.5	GHR
Ⅸ	23	Ddv	99	C		Bt, Art			
	24	Wv/+	1	CF.FDo		Bt		5.5	
	25	DdS+	99	FMp.FD−		Ad, Ls		5.0	
	26	DSo	3	Fu	2	A		5.0	
	27	DSo	1	FMp−	2	A		5.0	INC
Ⅹ	28	DdS+	22	FC−		H, Cg		4.0	PHR
	29	DdSo	99	F−		Hd			PHR
	30	DdSo	99	F−		Hd			PSV, PHR
	31	Do	15	FMa.CFo		A			
	32	D+	8	Ma.mpu	2	A, Id		4.0	FAB, COP, GHR

Summary of Approach

Ⅰ : W.WS.D　　　　Ⅵ : W.D.W
Ⅱ : W.W　　　　　Ⅶ : D.D
Ⅲ : DdS.D.DdS　　Ⅷ : D.D.W
Ⅳ : W.W.D　　　　Ⅸ : Dd.W.DdS.DS.DS
Ⅴ : W.W.D　　　　Ⅹ : DdS.DdS.DdS.D.D

第 2 章　中年ビジネスマンの自殺を防ぐ

構造一覧表

Location Features		Determinants		Contents		S-Constellation	
Zf	= 21	Blends	Single			✓	FV+VF+V+FD > 2
ZSum	= 73.5			H	= 7	☐	Col-Shd Blends > 0
ZEst	= 70.0	FC.M	M = 3	(H)	= 1	☐	Ego < .31 or > .44
		FD.M.FM	FM = 4	Hd	= 3	☐	MOR > 3
W	= 12	M.FC'	m = 0	(Hd)	= 3	☐	Zd > ±3.5
(Wv	= 0)	FD.M	FC = 1	Hx	= 0	☐	es > EA
D	= 13	FD.M	CF = 0	A	= 8	✓	CF+C > FC
W+D	= 25	M.m	C = 1	(A)	= 0	✓	X+% < .70
Dd	= 7	CF.FD	Cn = 0	Ad	= 8	✓	S > 3
S	= 9	FM.FD	FC' = 1	(Ad)	= 0	☐	P < 3 or > 8
		FM.CF	C'F = 0	An	= 0	☐	Pure H < 2
DQ		M.m	C' = 0	Art	= 2	☐	R < 17
	(FQ−)		FT = 0	Ay	= 1	4	Total
+	= 12 (4)		TF = 0	Bl	= 0		**Special Scores**
o	= 18 (5)		T = 0	Bt	= 3		Lvl-1　Lvl-2
v/+	= 1 (0)		FV = 0	Cg	= 4	DV	= 0 x1　0 x2
v	= 1 (0)		VF = 0	Cl	= 0	INC	= 4 x2　0 x4
			V = 0	Ex	= 0	DR	= 2 x3　0 x6
Form Quality			FY = 0	Fd	= 1	FAB	= 2 x4　0 x7
	FQx MQual W+D		YF = 0	Fi	= 1	ALOG	= 0 x5
+	= 0　0　0		Y = 0	Ge	= 0	CON	= 0 x7
o	= 15　5　15		Fr = 0	Hh	= 0	Raw Sum6	= 8
u	= 7　3　7		rF = 0	Ls	= 1	Wgtd Sum6	= 22
−	= 9　2　3		FD = 0	Na	= 1	AB = 0	GHR = 11
none	= 1　0　0		F = 12	Sc	= 1	AG = 0	PHR = 5
				Sx	= 0	COP = 4	MOR = 0
			(2) = 11	Xy	= 0	CP = 0	PER = 0
				Idio	= 2		PSV = 1

RATIOS, PERCENTAGES, AND DERIVATIONS

R = 32	L = 0.60			FC : CF+C = 2 : 3		COP = 4　AG = 0	
EB = 10 : 4.5	EA = 14.5	EBPer = 2.2		Pure C = 1		GHR : PHR = 11 : 5	
eb = 9 : 2	es = 11	D = +1		SumC' : WSumC = 2 : 4.5		a : p = 9 : 10	
	Adj es = 10	Adj D = +1		Afr = 0.68		Food = 1	
				S = 9		SumT = 0	
FM = 7	SumC' = 2	SumT = 0		Blends : R = 10 : 32		Human Content = 14	
m = 2	SumV = 0	SumY = 0		CP = 0		Pure H = 7	
						PER = 0	
						Isolation Index = 0.19	
a : p	= 9 : 10	Sum6 = 8	XA% = 0.69	Zf = 21		3r+(2)/R	= 0.34
Ma : Mp	= 6 : 4	Lvl-2 = 0	WDA% = 0.88	W : D : Dd = 12 : 13 : 7		Fr+rF	= 0
2AB+(Art+Ay) = 3		WSum6 = 22	X−% = 0.28	W : M = 12 : 10		SumV	= 0
MOR	= 0	M− = 2	S− = 7	Zd = +3.5		FD	= 5
		M none = 0	P = 6	PSV = 1		An+Xy	= 0
			X+% = 0.47	DQ+ = 12		MOR	= 0
			Xu% = 0.22	DQv = 1		H : (H)+Hd+(Hd)	= 7 : 7

PTI = 2	☐ DEPI = 2	☐ CDI = 1	☐ S-CON = 4	✓ HVI = Yes	☐ OBS = No

注）旧バージョンの構造一覧表ではPTI＝2のところでSCZI＝4となる

第Ⅱ部　事例研究

布置記録表

S-Constellation（自殺の可能性）
☐ 8つ以上該当する場合，チェックする
注意：15歳以上の対象者にのみ適用する

- ☑ FV+VF+V+FD > 2
- ☐ Col-Shd Blends > 0
- ☐ Ego < .31 or > .44
- ☐ MOR > 3
- ☐ Zd > ±3.5
- ☐ es > EA
- ☑ CF+C > FC
- ☑ X+% < .70
- ☑ S > 3
- ☐ P < 3 または > 8
- ☐ Pure H < 2
- ☐ R < 17

4 Total

PTI（知覚と思考の指標）
- ☐ （XA% < .70）かつ（WDA% < .75）
- ☐ X-% > .29
- ☐ （Lvl-2 > 2）かつ（FAB2 > 0）
- ☑ （R < 17 かつ WSum6 > 12）または
  （R > 16 かつ WSum6 > 17）
- ☑ （M- > 1）または（X-% > .40）

2 Total

DEPI（抑うつ指標）
☐ 5つ以上該当する場合，チェックする

- ☑ （FV+VF+V > 0）または（FD > 2）
- ☑ （Col-Shd Blends > 0）または（S > 2）
- ☐ （3r+(2)/R > .44 かつ Fr+rF = 0）
  または（3r+(2)/R < .33）
- ☐ （Afr < .46）または（Blends < 4）
- ☐ （Sum Shading > FM+m）
  または（SumC' > 2）
- ☐ （MOR > 2）
  または（2xAB+Art+Ay > 3）
- ☐ （COP < 2）または
  （[Bt+2xCl+Ge+Ls+2xNa] /R > .24）

2 Total

CDI（対処力不全指標）
☐ 4つか5つ該当する場合，チェックする

- ☐ （EA < 6）または（Adj D < 0）
- ☐ （COP < 2）かつ（AG < 2）
- ☐ （Weighted SumC < 2.5）
  または（Afr < .46）
- ☐ （Passive > Active+1）
  または（Pure H < 2）
- ☑ （SumT > 1）または（Isolate/R > .24）
  または（Food > 0）

1 Total

HVI（警戒心過剰指標）
☑ 1が該当し，かつ他が少なくとも4つ以上
該当する場合，チェックする

- ☑ (1) FT+TF+T = 0
- ☑ (2) Zf > 12
- ☐ (3) Zd > +3.5
- ☑ (4) S > 3
- ☑ (5) H+(H)+Hd+(Hd) > 6
- ☑ (6) (H)+(A)+(Hd)+(Ad) > 3
- ☑ (7) H+A : Hd+Ad < 4 : 1
- ☑ (8) Cg > 3

OBS（強迫的様式指標）
- ☑ (1) Dd > 3
- ☑ (2) Zf > 12
- ☑ (3) Zd > +3.0
- ☐ (4) Populars > 7
- ☐ (5) FQ+ > 1

☐ 1つ以上該当する場合，チェックする

- ☐ Conditions 1 to 5 are all true
- ☐ 2 or more of 1 to 4 are true
  かつ FQ+ > 3
- ☐ 3 or more of 1 to 5 are true
  かつ X+% > .89
- ☐ FQ+ > 3 かつ X+% > .89

2．エクスナーによる解釈

　この人は首吊り自殺を図りました。ところがロープが切れて落下して助かったということです。私の聞いた話では，意識は失わなかったということですが，これはとても重要なポイントです。なぜならば，この人は集中力がないと訴えているからです。最初にこの人の生活歴を読んだとき，自殺を図り，その後で集中力に欠けるようになったということは，もしかすると意識を失ったときに，無酸素状態にあったのではないかと私は思ったのです。無酸素状態にあったとすれば，この人は脳に何らかの損傷を受けた可能性があるのではないかと思いました。脳に損傷を受けていたとすれば，集中力が欠けるようになったとしても当然かもしれません。そういった場合には，ロールシャッハ・テストよりはむしろ認知テストをすべきであると思います。しかしこれを読みますと，意識は失わなかったということです。脳の酸素供給は停止しませんでした。唯一，彼が被ったのは膝の怪我であったということです。そこで問題となるのは，この人は今もうつ状態にあるのか，そして自殺傾向があるのかということです。さらに，なぜこんなに集中力に欠けるのかということです。

1）思考

　まずこの構造一覧表を見たときに，もっとも重要な発見はSCZIが4であるということです[注]。鍵変数の表の中で，SCZIの陽性というのが鍵変数の一番上に掲げられています。そこでこの記録の解釈をする場合には，認知の三側面

注）前頁の構造一覧表は新バージョンになっているため，ここにSCZIを示す。なお，鍵変数の一番最初の部分は旧SCZI＞3であり，現在のPTI＞3と入れかわっただけである。

SCZI（精神分裂病指標）
☑ 4個以上の項目に当てはまる場合はチェック
☑ $(X+\% < .61)$ かつ $(S-\% < .41)$ あるいは $(X+\% < .50)$ のいずれか
☐ $(X-\% > .29)$
☑ $(FQ- \geq FQu)$ あるいは $(FQ- > FQo + FQ+)$ のいずれか
☐ $(Sum\ Level\ 2\ Sp.\ Sc. > 1)$ かつ $(FAB2 > 0)$
☑ $(Raw\ Sum\ of\ 6\ Spec.\ Scores > 6)$ あるいは $(Weighted\ Sum\ of\ 6\ Sp.\ Sc. > 17)$ のいずれか
☑ $(M- > 1)$ あるいは $(X-\% > .40)$ のいずれか

のクラスターから始めなければなりません。

　まず思考から始めることになります。通常，認知の三側面からスタートする場合には情報処理から始めるのですが，この場合は，思考から始めることになっています。それはつまり，SCZIが陽性という結果が本当に妥当であるのかないのかを速やかに確認したいからです。

　この1年半ほどの間に私たちが行ってきた研究の一つは，SCZIに関するものです。いわゆる擬陽性の割合にたいへん懸念を持っておりました。重篤な状態にある人たちをテストしますと，よくSCZIが陽性となりますが，実際には統合失調症ではないということがよくあります。たとえば，感情障害かもしれませんし，酩酊上の問題かもしれません。神経学的な問題というような場合もあります。あるいは状況的な問題があるという場合もあります。今，ロールシャッハ研究評議会の構成メンバー3名が，SCZIという名前を変えた方がいいのではないかと非常に強く主張しています。Psychosis Proneness Index（PPI：精神病傾向指標）と呼んではどうかと言っています。まだ，私自身はそれを支持するかどうかは決めていません。でも彼らの論理はわかります。確かに，ここで陽性という結果が出たからと言ってそれだけを根拠に誰かを統合失調症と呼ぶというのは愚かなことだと思います。ですから，こういうケースの場合，まずはじめにしなければならないことは，本当にこの人が統合失調症であるのかどうかということを確認することです。

　それでは，この人が本当に統合失調症かどうかを検討していきましょう。まず思考を見ていきます。Sum6は8で，WSum6が22です。Sum6が8というのは多過ぎます。誰も自分のロールシャッハ・テストに8個も特殊スコアは欲しくないでしょう。なぜなら，特殊スコアはそれぞれが何らかの認知のずれと関係しているからです。つまり思考の最中に，何か変なことが起こっているということです。もちろん，それぞれに重みづけをし，その総和がこのWSum6です。繰り返しますが，このスコアが22というのは，値として非常に大きいものです。ただ，もちろん，詐病であれば別です。しかし，たぶんこの人は詐病ではないと思います。この二つの所見に加えて，人間運動反応に2個のマイナスがあります。思考操作中において，おそらくこの人固有の思考のあり方に

よって，認知上の歪みが起こっていると思います。これらすべての特徴からは，この人が統合失調症であるという可能性も考えられます。つまり，こういうことを総合的に考え合わせると，この人は思考においてかなり著明な問題を抱えていると言えると思います。これから私たちがしなければならないことは，それぞれの構成要素を調べ，本当に統合失調症の特徴なのかどうかを検討することです。

　それでは，特殊スコアがついた8個の反応と，2個のM-反応を，順に見ていきたいと思います。

　最初の特殊スコアは反応1に見られます。それはDRです。なぜこれがついたかというと，「チョウチョ，イコール，ガ」と答えているからです。これは統合失調症的な反応とも言えるかもしれません。たとえば，あらかじめいろいろな情報を与えられずにこれだけを読んで，「こんな反応を示す人はどういう人だと思いますか？」と聞かれたら，私は「おそらく神経学的な問題のある人だろう」と答えるでしょう。そういう意味ではまったく抽象化がなされていない反応です。また，かなりの判断力の低さを示していると思います。こういうことを普通の人は言いません。日本人でもそういうことは言わないでしょう？「チョウチョ，イコール，ガ」は，たいへんおかしな言い方だと思います。もし恋人がこんなことを言ったら，別の人を恋人にした方がいいでしょう。この反応が，この人の最初の反応であるということを銘記しておいてください。よく第一反応を，その人の「署名反応（signature response）」という言い方をします。この人はあまりよい反応をしませんでした。もしこの人が，本当に神経学的な問題を抱えているのであれば，この後も記録を見ていくと，もっとそういうものが出てくるはずです。でも仮に，この後このような反応が一つも出なかったとしても，たぶんこの第一反応だけで，この人にはきちんとした認知テストを受けるよう勧めると思います。先ほど，この人は本当に意識を失わなかったのか，そして無酸素状態になったのではないかという疑問を持ちました。その答えは，意識喪失はなかった，ロープはすぐに切れたということでしたが，それでも私はちょっと疑わしいと思っています。なぜならば，このようなおかしな反応を出しているからです。たとえば，自動車事故でフロントガラスを突

き破るような事故に遭った人たちが言いそうなことだと思います。それともう一つ，もしかすると統合失調症かもしれない，という感じもします。統合失調症の中でも特に妄想型の人は，物事をくっつけてしまう傾向が強いですから。たとえば，「これは鳥。そして，これは空。鳥と空＝（イコール）ヒッチコックの映画の『鳥』だ」と。そういうような奇妙な論理を用います。もう少しこういうものが出てくるかどうか見ていきたいと思います。

次の特殊スコアは，反応3にあります。不適切な結合のINCがついています。「昆虫」なのに「角」があると言っているところです。これは別にたいしたことではありません。というのは，子どもはよくこういう言い方をしますから。精神病的な反応ではありませんし，神経学的な問題があるというわけでもありません。

次の特殊スコアは，反応5にあります。これは作話的な結合です。なぜこれがついたかというと，イヌが「話し合っている」と言ったからです。後で，このイヌは「吠えている」と言っています。つまり，自分から修正したわけです。これはとてもよい所見です。しかし後で修正したとしても，最初に「イヌが話し合っている」と言ってしまったわけですから，これはやはり作話的な結合ということになります。これは統合失調症的な，あるいは精神病的な反応なのでしょうか。答えはノーです。これもやはり子どもによくある反応です。

次の特殊スコアは，反応8にあります。なぜなら「かわいいリス」に手があるからです。ちょっと皆さんにお尋ねしたいのですが，皆さんは「かわいいリス」と「かわいくないリス」とを区別されるのでしょうか？　それとも，リスは普通かわいいものであると言うのでしょうか。それとも朝にリスを見つけるとかわいいと言うけど，そうでないときは言わないとか，そういう時間と関係するのでしょうか？　ちょっと日本ではどうかを知りたかったので聞いてみたのですが，リスに「かわいい」とつけるのは，何か特別な意味があるのでしょうか？　私は，リスをかわいいとはあまり言わないのですが。ただそれが根拠でINCがついているわけではなく，リスに手があるからです。これは統合失調症，あるいは精神病的な反応でしょうか。答えはノーです。これもやはり子どもによくある反応です。次は反応16です。この「アジの干物」はDRです。

第2章　中年ビジネスマンの自殺を防ぐ

しかしあまり意味はないですね。決して精神病的な反応とは言えません。次は反応20で，INCがついています。ここでも手があると言ったためです。これも別に統合失調症とか精神病という反応ではありません。次は反応27。手のためにINCがついています。これも統合失調症とか精神病ということにはなりません。最後は反応32。コオロギが「落ちてくる棒を支えている」と言っています。日本のコオロギもこういうことをしないと聞きましたので，これは作話的な結合です。しかし統合失調症的反応でも，精神病的な反応でもありません。子どもの反応に似ています。

このようにしてずっと特殊スコアを検討してきましたが，反応1を除いて，統合失調症などの精神病を示唆するような特殊スコアはありませんでした。

次にM-を見ていくことにしましょう。最初は図版Ⅱの反応5にあります。「イヌ」と「婦人」のところです。これはイヌのせいでマイナスがついているわけで，婦人のせいではありません。このマイナスがついたのがMではない。これが重要なところです。全体の反応がマイナスになっているのは，反応内容の一部がマイナスだからです。もしイヌがいなかったら，2人の婦人がつばを飛ばしながら話しているということになります。日本ではこの図版に2人の人間がお互いに向き合っているという反応は多い反応だということでした。アメリカでもよく見られますけれども，平凡反応とは言えません。日本ではよくあるのですか？　平凡反応と言ってしまっていいのですか？　そうだとするとMoですね。M-ではない。Moで平凡反応ということになります。ただイヌをここに入れてしまったことによって，失敗したと言えるのではないでしょうか。つまりあまりよい知覚ではない。また判断力もまずい。ただ，だからといって，これを思考の障害を意味するM-と同等に考えるわけにはいきません。

もう一つは図版Ⅷの反応21です。劇画の中にあるような顔だと言っています。図版ⅧのD2領域です。この人はこれを「劇画みたい」な顔で，頭にきて耳から煙のようなものが出ていると言っているのですが，これは統合失調症的反応でしょうか。まあ近いかもしれないです。もしここで「劇画みたい」と言っていなければ，これはもう統合失調症ないしは精神病的な人の反応のようになるわけです。ただこの人は認知的統合が保たれている状態にあるので，彼な

第Ⅱ部　事例研究

りの工夫でこの反応は現実のものではない，「劇画みたい」と言ったわけですね。

　さて，この人の思考を障害の重さといった観点から見てきましたが，この人が本当に統合失調症であるという証拠を見つけることができたでしょうか。検討した結果，答えはノーと出ました。統合失調症の診断ということから考えると，これは擬陽性ということになります。これ以上，マイナス反応を検討する必要はないと思います。もちろん，その検討は媒介のクラスターのところでやる予定ですが，最初の質問，この人は統合失調症かという質問に対する答えはノーと出ました。つまり統合失調症と認めるに足るだけの証拠となるような，統合失調症の人たちに起こるようなレベルの思考の乱れは，ここでは見られないということです。それでは，いわゆる精神病的な思考プロセスの可能性は除外できるかどうかという疑問が出てきます。わからないというのが答えです。

　今検討してきた反応の中で，二つ，少し引っかかる反応があります。一つは，最初の「チョウチョ，イコール，ガ」という反応です。もう一つは最後の，劇画みたいな動物の顔で頭にきて耳から煙が出ているという反応です。このいずれも，これだけで精神病的な反応と判断するのは現実的ではないと思います。しかし，精神病の過程と矛盾するものではないと思います。一つだけ付け加えておきますと，いわゆる精神病というのは連続線上にあるものであるということです。ここにお集まりの皆さん全員，ときには精神病的な状態になることがあります。自分では気がつかないかもしれませんが，そういうことがあります。自分がよく知っている人に起こったときは，よくわかると思います。そういうことが起こると「ちょっと待って，あんた変よ」というふうに言うでしょう。「慌てないで，落ち着いて，まあよく考えてご覧なさい，まあ一杯どう」というふうに勧めます。なぜなら相手の思考が非常に乱れているのがわかるからです。これはいつものあの人と違う，そんなふうになってしまっては駄目だと伝えなければと思います。重篤な精神病的であるとは言えませんけれども，しかし精神病的なプロセスとまったく無関係かというとそうとは言い切れません。つまり，普通の人よりはちょっとおかしくなる確率が高い人であるということは言えると思います。

次に，この人の人格全体の枠組みをよりよく理解するために検討を加えるわけですが，今述べたことを心のどこかに留めておく必要があると思います。

これまで何らかの思考の乱れがあるのではないかということで，思考に焦点を当てて検討してきました。しかし，もっと包括的な思考のフレームワークを見る必要があると思います。これをもう少し系統立ててやっていきたいと思います。

まずEBから見ていきます。この人は内向型の人です。つまり，何か物事を決定するのに非常に時間がかかる人で，とにかく考えて考えて，考え抜いてからやっと行動に移すタイプの人です。つまり非常に思考を頼りにして，自分の行動を生み出している人です。これが彼の好む反応スタイルです。つまり内向型ということです。

次にEBPerです。この値が2.2しかないということは，よい所見だと思います。というのは，彼は内向型のスタイルを使っていながらも，その使い方にある程度の柔軟性があるということを示しているからです。もしこの値が2.5，あるいはそれよりも大きい場合には，それがベストな状況であってもなくても同じ思考アプローチを使うということを表しています。この人はそういうことをしなさそうです。基本的な反応スタイルを使うのにかなり柔軟性がありそうです。ebを見ると，左辺がかなり大きくなっています。9：2です。これは非常に重要な所見だと思います。普通，FM反応は3～5個です。この数値が5を超えますと，自分が落ち着いて考えようとしているときに，他の考えが侵入してくる可能性があることを示唆しています。FM反応は，ロールシャッハ研究に関する大きなミステリーの一つです。なぜ動物運動反応が，自分がコントロールできない思考のプロセスと関係があるのか，なかなか理解しがたいものです。その人の要求状態が高まれば高まるほどFM反応が増えるということがわかっています。FMあるいはmの値の上昇は，考えることが難しいという訴えと相関する傾向にあります。具体的には緊張するとか，集中できないというような問題が増えます。もしこういうFMが9個もあるような構造一覧表を持ってきて，「この人の主訴は何だと思いますか？」と聞かれたら，まず最初に「たぶん集中力に欠けるということではないですか」と答えるでしょう。なぜ

ならFMやmは、思考に侵入してきて、その流れを妨げるような邪魔な思考と関連するものだからです。

　誰しもこういう経験は持っているものだと思います。たとえばあまり面白くない本を読んでいると、頭の隅では別のことを考えたりすることがあるでしょう。お腹が減ったとか、映画を観に行けばよかったとか、あの人にどうやって気持ちを打ち明けたらいいかしらとか、そういう変なことが頭の中に浮かんでくるわけです。このような思考がFMとかmに関連するものです。この人はそれがすごく多いということです。つまり意識下のとらわれだと思います。無意識とは言いません。無意識なのかどうかはわからないからです。ただこういう精神活動は、きちんと意識して、集中してやっているものではないということです。これはいつも起こっているものですが、しかしその頻度が多くなるとか、あるいはその程度が非常に強くなると、思考の集中の妨げになってきます。

　私は空を飛ぶのが好きです。パイロットの免許を取り、もう50年間も空を飛んでいます。どのように思考が妨害されるのかを説明するために、ここで一つのエピソードをご紹介したいと思います。私は約8カ月前に親友の奥さんから電話をもらい、親友が心臓発作で突然亡くなったという知らせを受けました。もちろん、奥さんは非常に気が動転していました。そして、こちらに来てお葬式を出す手伝いをしてもらえないかと私に要請されました。そこで私は友人の飛行機を借り、自分が住んでいるノースキャロライナから友人が住んでいたネブラスカまで、自分で操縦して行くことにしました。4時間くらいかかりました。ネブラスカというのはアメリカの中部にあるのですが、近づくにつれて、到着したら何をしなければならないかということを考え始めました。奥さんを慰めなくてはならないし、死亡診断書が出ていることを確認しなくてはいけない、お医者さんとも話をしなくてはいけない、葬儀屋さんを探さなくてはいけない、そんなことばかり考えていました。こういうことを考えながらも、常に航空管制官とも連絡を取らなければなりませんでした。そして着陸する空港が見えてきたのですが、管制塔から110度の角度で右旋回を3分間続けてくださいという指示がありました。3分右旋回をしたら、今度は左に360度の角度で2分間旋回してくださいという指示がありました。もちろん、そのことは聞い

てちゃんとわかっていました。右に110度旋回を続けている間に，ちょうど目の前に秒数が表示される時計があって，それを見るともなく見ているうちに，なぜかよくわからないのですが，突然やらなければならないことのリストの中に保険を確認することがあるということに気づいたのです。これを忘れてはいけないなどと考えているうちに，本当は3分間で左旋回をしなければいけなかったのが30秒ほど過ぎてしまいました。幸運なことにすぐ気がついたので，そこで左旋回をして無事に着陸することができました。しかしこの30秒間，私は注意の焦点を完全に失っていたわけです。操縦に集中しなければいけないのに，到着してからしなければならないことばかりを考えていたので，それが乱されたというわけです。私の自分のロールシャッハ・テストには，FMは4個しかありません。たぶんその日はそれに追加してmが3個くらいあったのかもしれません。それが私の思考の邪魔をしました。ところがこの人はその傾向がもっと強いということです。たぶんこの人はこういう余計なことで思考を頻繁に邪魔されているのではないかと思います。治療の方法を考えるに当たっては，おそらくこの点がとても重要な治療上の目的になると思います。つまりどのような意識下の考えがあるのかを識別し，どのようにそれに対処するのかを考えることで，それがメインの思考を邪魔しないようにするというのが目的になると思います。

　あと二つ重要な変数を急いで見ていくことにしましょう。最初はa：pです。この値の間に大きな差があると思考の柔軟性がないということを表すのですが，この人の場合はa：p＝9：10ということですからかなり接近しています。もう一つ見なくてはいけないのはMa：Mpです。これは左辺が大きくなっているのが望ましいのです。右辺が大きいとなると，空想を使い過ぎることになります。この人はそれには当てはまりません。6：4ですから特筆すべきことはありません。

　もう一つ思考に関するもので見ていかなければならないのが，知性化指標です。3より大きいということになりますとちょっと心配になります。この値が高いということは，自分の感情を知性化し，自分を守ろうとする傾向が強いということを意味するからです。ただこの人の場合はそうではありません。3と

いうのは0に等しい数字です。つまり普通の人以上に自分の感情を知性化するという証拠は認められません。

　もう一つ注目すべきなのはMORです。MORの値が上昇していると，その人の思考が多分に悲観的であるということになります。でもこの人はそうではありません。

　この人の思考についてまとめておくと，まず第一に意識下でいろいろな思考をしているということ，そしてそれが集中した思考活動を邪魔しているということです。先ほど検討したことと考え合わせると，この人の思考にはときとして非常に子どもっぽい形のつまずきが見られるということです。これは非常に低い可能性ではありますが，ときとして非常に変な思考をするということがあることもわかります。これが私たちが検討した最初のクラスターから言えることです。

　ここには二つの重要な結論があります。まず，神経学的な問題はないことを確認するために，何らかの認知テストをする必要があります。それから，注意の焦点を外れた思考あるいは意識下の思考が増えてメインの思考過程を邪魔しているので，これについて治療の中で取り上げなければなりません。

2）認知的媒介

　次のクラスターの認知的媒介にいきたいと思います。なかにはすでに検討された構成要素も含まれますが，もう一度系統的に検討することにします。この人の場合，ラムダやOBSは該当しないので，これについては述べません。どちらかが陽性になっていれば，認知的媒介に関して重要な示唆があるということで見ていかなければいけませんが，この人の場合には当てはまりません。

　まず平凡反応の数ですが，この人のPは6になっていますが，6というのはこれで結構なことです。日本人にしては高いのかもしれませんね，今確信は持てませんけれども。日本人の平均値はいくらですか？　5個ですか？　そうすると6はまあよいということになりますね。この平凡反応というのは一体何を示唆しているのでしょうか。それははっきりした手掛かりを与えると，妥当な反応が返ってくるということです。この人はそれをやっているようですね。図

第2章　中年ビジネスマンの自殺を防ぐ

版Ⅰ，Ⅲ，Ⅳ，Ⅵ，Ⅶ，Ⅷで平凡反応が出ています。これはよい所見だと思います。このことはX+％が低いので，特に重要な意味を持っています。X+％は0.47で，Xu％は0.22です。X+％とXu％を合計するとXA％が出ます。0.69です。これは結構です。

　このXA％が0.50を切ると心配しなければいけません。0.55を切ることになっても，ある程度気にしなければいけません。ただこれが0.65よりも大きいという場合には，それほど心配する必要はないでしょう。ただXA％が0.65を超えたら，まったく何の問題もないのだと言うつもりはありません。必ずしもそれは真実ではないからです。ただXA％が0.65を超えるということになると，「おそらく」そういう人の場合には重篤な知覚翻訳上の問題はないと考えられるからです。「おそらく」というのを強調したいと思います。なぜならば，このことは他の方法で確認しなければいけないからです。この結果からは，おそらくそう大きな問題はないだろうと言うにとどめておきます。

　ではX+％の話に戻ります。これはその人がいかに慣習的であるのかを示す指標です。ある人の行動を観察した際，その行動が社会に期待されるような，慣習的なものと考えるか，あるいは非慣習的なものと考えるのかで区別します。慣習的でないというのは，別に反社会的という意味ではありません。非慣習的な行動というのは，普通は取ると思われないような行動のことです。X+％は，この人の慣習的な行動の傾向と程度を計ることができます。この人のX+％は0.47と低いです。つまりあまり慣習的な人ではないということです。だからどうだというのでしょう。必ずしも悪いということにはなりません。この人はビジネスで成功している人ですし，なぜ成功してきたかと言えば，ときには慣習に染まらず行動してきたからではないかと思います。だから，X+％が低く出たからといって，いつも問題があるのだとは結論づけないでください。必ずしもそうではありません。何か問題があるとしたら，それはX-％の方です。ここでは0.28です。これはちょっと高過ぎます。私自身は，X-％が0.20を超えるのはあまり好きではありません。0.15, 0.18, 0.20でも仕方ないかなという感じはしますけれども，0.20を超えると心配になってきます。ですからなぜ0.20を超えているのかを考えなくてはなりません。一番初めに検討しなければ

いけないのは，どこでマイナスがついているのかということです。どの領域が使われているのかということです。WとかDの反応にマイナスがつく方が，Dd反応にマイナスがつくよりも大きな意味を持つし，深刻です。この人のマイナス反応は9個ですね。それでは，どこにあるのか一つ一つ見ていくことにしましょう。

　最初はWにあります。これはイヌがいて，FMもついている反応でしたね。2人の女性がつばを飛ばしている，そしてイヌが前の方にいる。これはよい反応なのですけれども，イヌの登場によって台なしにされた反応だと思います。2番目のマイナスは反応6のDdSのところに見られます。3番目のマイナスは反応8のDdS。4番目のマイナスは，反応21のDにあります。5番目は反応25のDdS。6番目は反応27のDSのところ。7，8，9番目ですけれども，図版XのDdSについています。ということは，9個のうちの6個がDdSにおけるマイナスです。

　これでは知覚が不正確であるということにはなりません。この人に媒介の問題があることにはなりません。ただし，Sが絡んでくるとマイナスが出やすい傾向はあります。では，Sは何と関係があるのでしょうか。Sは，いわゆる否定，拒絶です。S反応がよく出るということは，その人の怒りが大きいことを表しています。この人の場合，怒りが心理的な視力を曇らせてしまうために，知覚入力をうまく翻訳できないという問題があります。そのような問題を確かめる比較的簡単な方法があります。スコアの継列を見ると，たくさんのDdS反応が見られます。もしこれがDdSではなくてDdだったらどうでしょうか。そこでもう一度，この人の媒介過程に問題がないかを調べるために別の計算をしたいと思います。WとDの反応にのみ注目します。最初の5個の反応ですが，これはすべてWとD領域でした。3個がo，1個がu，1個がマイナスとなっています。これを比率にすると，60％がo，20％がu，20％がマイナスになります。形態の適切さという観点から考えると，最初の5個の反応では80％くらいの形態が適切であると言えます。同じ手順を当てはめてその後も見ていくと，結局32の反応のうち25がWまたはD領域の反応だとわかります。次に，これらのうちの一体どれくらいが適切なのか，つまりoがどれくらいあ

ってuがどれくらいあるのかを調べていくと，88％は形態が適切と認められます。最初に，この人が統合失調症なのかという疑問があったのですが，このようにWあるいはD領域で80％や85％の形態が適切である人の場合には，統合失調症は考えられません。最初に思考を調べていたときに，この人はもしかして精神病のプロセス，あるいはその傾向があるのかという疑問を扱っていたのですが，それはこの所見からも否定されます。

3）情報処理

情報処理のデータを見ていきます。一見して非常によいと思います。Zfが21です。次のW：D：Ddですが，特にこれまで見てきたことと照らし合わせて考えると，それほど悪くはないと思います。WよりもDの方がやや多くなっていますが，これは結構だと思います。

ただ問題はDdの反応が多過ぎることです。しかしそのうちのほとんどはS反応です。このS反応が多いということは，非常に怒りがたまっている状態を表しています。この二つのことだけからも，怒りによって邪魔されさえしなければ，この人の情報処理はとてもよいということがわかります。また，この人自身がかなり情報処理のための努力もしていることがわかります。この人のZdは+3.5であり，刺激野の走査において通常の人より多くの努力をする傾向があります。W：Mは12：10です。内向型の人ですからこれはだいたい予想通りというところです。だいたい内向型の場合には1：1くらいになります。しかしこの人が外拡型であるならばこの比率は2：1になるでしょう。というのは，外拡型の人は内向型ほどM反応を出さず，また，Wの値はだいたい同じだからです。このW：Mですが，ときに本人の動機づけの強さを表します。つまりどこまで達成したいと本人が思っているのかを表します。この人の動機づけの強さというか，目的に向かって進もうとする力は，内向型の人としては普通のレベルにあることがわかります。それからDQ+の反応の数は12です。これはとてもよいと思います。情報処理をするときに，できるだけ，それを意味あるものにしようと努力しています。

DQvの反応が1個あります。図版Ⅸの反応23，Ddの花のPure C反応だった

と思います。したがって，この人の情報処理の能力は非常に優れていると思います。努力もしています。物事をとても上手に組織立てていると言えます。これを先の認知的媒介の情報と合わせると，つまりDdに関連した怒りがつきまとっていないときは，非常に良好に機能しているということになります。

ですからこの時点で，私は自信を持ってこの人は統合失調症ではないし，精神病的過程にあるわけではないと断言することができます。逆に，この人には非常に豊かな資質があると言えます。よく物事を考える人ですし，またその思考をどのように使うかについて柔軟性があります。思考において自己防衛的にもなっていないし，またそれを歪めてもいません。強い怒りにかられるなどの通常ではない状況に置かれない限りは，新しく受けた刺激を非常に正確に翻訳していることがわかります。その情報をきちんと処理しています。この人の場合には，意識下においていろいろな精神活動が行われていて，それが思考や何かしようとする注意力や集中力の邪魔をしていることがあります。また，ときに，この人の思考が期待されるほどには成熟していない場合があります。つまり思春期の若者，あるいは子どものような思考をしているという特徴があります。これまで見たところ，この人はあまり病的ではないし，患者として治療を受けるのにたいへんよい候補者であると思います。ただそう言うと，この人は自殺しようとしたのですよ，とおっしゃるかもしれません。もちろん，それは非常に深刻な問題です。ただ私は，この人が自殺をしようとしたときには，それを誘発する何か特殊な状況があったのではないかと思います。これまでの結果を見たところでは，この人が今でも自殺をする傾向があるかどうかは確信が持てません。

4）感情

それでは，感情のクラスターの検討を行います。認知的媒介や情報処理の過程において認められた怒りは，明らかに感情における大きな問題でもあります。ここで問題となるのは，心理的機能を怒りがどれくらい妨害しているのかということです。また，この人の全体的な感情のあり方に，怒りがどれくらい大きな意味を持っているのかということです。

まずEBの右辺の値ですが4.5と大きな値になっています。しかしこれは，左辺が10であることを考慮すると，まったく問題ありません。DEPIの値は2に過ぎません。今回検討しなければならないことの一つは，この人のうつ病の状態が深刻かどうかということと，どうすればこれ以上うつが進まないですむのかということです。それは非常に難しい質問だと思います。それは私自身がこのDEPIの数字をどの程度まで信頼してよいのか，少し疑問に思っているからです。スコアは問題ないと思います。ですからこの数値も，もちろん，妥当なものです。次にebの右辺を見ますと2となっています。ここで私は頭を抱えてしまいました。もう一度，自殺未遂を行ったのはどれくらい前だったのか，生活歴を読み直してみることにします。退院後復職して，1年くらいは働いていたわけですね。最後の4カ月間に集中力を欠いたり，あるいはうつ状態だったりと。そうすると自殺未遂をしたのはいつかというと，1年2カ月前ですね。少し気になる点が二つあります。それはebの右辺の数値が2であることと，確か反応の中に五つくらいは濃淡反応があるなと思ったのに，実際にはそれはスコアとしては取れていないことです。

　たとえば図版Ⅵに「毛皮のじゅうたん」という反応があります。でもここではTが取られていません。図版Ⅳの反応10「敷皮」ここでもTは取られていません。図版Ⅵの反応17は，「人間が立っていて，影が前の方に大きくなっている」というものです。でもYは取られていません。それからC′も。大きな影だと本人が言っているのに，です。「影」という反応が出たら，私は必ずYかC′を考慮します。

　次に図版Ⅱの子イヌが2匹と2人の婦人の反応ですね。そしてイヌは婦人たちの前に立っていると言っています。でもここではVは取っていません。反応24「手前に花が咲いて，奥がグリーンで林，立体的に見える」と言っています。でもここでもVは取っていません。反応25「動物が木の陰からこちらを見ている」と言っています。「垣根の中に隙間がある」と。しかし，ここでもVは取っていません。

　このような反応すべてに濃淡や無彩色を取っていったとしたら，たぶんその数は9くらいになるのではないでしょうか。私は別に検査者を責めているわけ

第Ⅱ部　事例研究

ではありません。けれども一つ想像できるのは，この人がこういう不快な気持ちを閉じ込めている可能性があるということです。それが表現される唯一の方法がS反応であるということかもしれません。つまりこの場合はSの治療をしていこうと考えているわけですから，たぶんその治療をしていくことによって濃淡反応も消えていくのではないかと期待されます。

またもっと他に言えることがあると思います。それは9個のS反応を出すことはかなり難しいということです。前にFM反応の解説をしたときに，この人にはこだわりがあると言いました。このS反応というのは，この人のこだわりを表現していると思います。怒りというのは，寂しさや孤独感と同じくらい人にとって苦悩となります。内側に怒りをためている状態は，ほぼC'の反応に近いわけです。すなわち緊張，不快感，苦悩といったものを生みます。ちょっと前に私は，この人には自殺傾向があると信じるに足る理由はないという言い方をしました。今，感情をもう少し詳しく検討していて，そしてまた自殺を試みる可能性について考えると，あんなことを言ってよかったのだろうかと後悔する部分もあります。なぜかといえば，この人の自殺企図は，かなり衝動的なものだったことを思い出したからです。どこか歩いていて，たまたまロープが目に入ったので首を吊ろうとしたということです。怒りは時折，人にそういう発作的な行動を取らせます。つまり怒りがたまっていて，ある一定の耐えられるレベルを超えてしまうと，それをコントロールすることができなくなってしまいます。そういう状態になってくると，怒りが表出されるわけです。何か蹴飛ばしたり，泣いたり，叫んだり，自殺をしたり，他の人を殺したり。どういうことが一番あり得るのか，予想することはできません。しかし過去の行動を知ることは，将来を予測するための一番の方法です。すでに一度自殺企図しており，しかも現在もこういう緊張した感情を抱えているわけですから，将来また同じような行動を取る心配があります。だから自殺の心配はない，とは言いません。

感情に関するクラスターのデータを検討すると，まずこの人のAfrは適度な値です。だいたい内向型の平均値です。つまり，この人は他の人々と同じくらい感情刺激を処理しようとしているという，非常に重要なポイントと言えます。

第 2 章　中年ビジネスマンの自殺を防ぐ

普通，それはその人の資質だという言い方をしますが，ただこの人はものすごく怒りがたまっている人なのです。そうするとこういう感情をこの人はどうやって処理しているのか，という疑問が出てきます。

　FC：CF+C を見てみます。別におかしなところはありません。2：3。この人は内向型ですので，これはまあまあ受け入れられる範囲内だと思います。しかし純粋色彩反応がありました。つまり自分の感情をまったく調整できない反応をするときもあるということです。これはちょっと気になります。つまりこの人が怒りに駆られた，純粋色彩反応に直結するような行動を取るときには，その表現を調整したりコントロールしたりできなくなるからです。

　この人は結構複雑な人です。ブレンド反応が 10 あります。ブレンドを見ていきましょう。ちょっと頭に入れておいてください。この答えには濃淡反応がまったく入っていないということをさっき言いましたが，3 個くらい V が取れたのではないかという反応も含まれています。1 個の Y，2 個の T があった可能性があります。10 のブレンドのうち，5 個に FD が含まれています。この 5 個のうち 3 個くらいが V かなあという感じです。普通だったら FD というのはよい反応だと判断します。つまり少し引いて自分のことを考える，という反応です。FD が 5 個もあるのは，非常に数が多いと言えるでしょう。その中にもしかしたら V が入っていたかもしれないと考えると，状況はより悪くなります。

　この人は思考型の人です。FD の値が非常に大きいということは，自分のことについて非常に深くあれこれ考える傾向があるということです。この人の場合，色彩濃淡ブレンドがまったくありません。けれども少しはあったのではないでしょうか。この人は自分では認めたくないでしょうが，感情の処理において結構混乱しているのではないかと思います。それが FD が 5 個というのに表れているのではないかという気がします。怒りとかについて，あまりオープンに話したくない人物だという確信が持てます。心理的な混沌状態にあるため，感情的な衝動性が生じる可能性があるのではないかと心配しなければなりません。でもこの点については確信は持てません。

5）統制

次に統制のデータを見ていきたいと思います。

Dが+1の人というのは，ストレスに対する耐性が非常に高い人です。ただここで一つ疑問に思うのは，このDが+1というスコアが信頼できるものなのかどうかということです。まずEAが信頼できないと考える理由はまったくありません。このEBの左右どちらかが0となっていたら信頼できないものである可能性がありますが，これはそうではありません。そこで次なる疑問は，esは信頼できるものかどうかです。ここで疑問があると先ほど言いました。私はesが11であるというデータをそのまま受け入れることには，非常に慎重な態度を取っています。これは2個の毛皮反応をしているのに，Tにしていないのを，本当に信じてよいのかわからないからです。また立体が示唆されている反応が3個もあるのに，そこで濃淡が入っていないとなると，ちょっとあやしいなあという感じを受けます。また，影という反応があるのにYを取らないということになると，もう信頼できません。繰り返しますが，私は別に検査者を責めているわけではないし，スコアが間違っていると言っているわけでもありません。単にこの検査状況において，被検者の方は自分がそこに認めた対象の特徴について，はっきりと言語化しなかったのではないでしょうか。この人は自分の感情を何とか隠そうとする傾向があるので，それなら話はわかります。ここで統制力に話を戻すと，Dが+1ということに少し疑問が生じます。

ここでちょっと仮定してみましょう。二つの毛皮という反応のうちの一つが，本当にTだったとします。この影という反応がC'，あるいはYだったとします。3個のFD反応のうちの1個が本当はVだったとします。もしそうだったとしたら，これはあくまで仮定しているだけですが，このesが今11ですが，14になるはずです。そうするとこのDスコアは0になってしまいます。ですから私としては，この人が強いストレス耐性を持っていると言いたくはありません。普通だったらDが+1とか+2の人に対しては，非常に強いストレス耐性があるというところですが，このケースに関してはそんなことは言えません。というのは確信が持てないからです。ですからこの人について私がレポートを書くとすれば，この人のストレス耐性について私は確信がない，という記述になる

と思います。たいへん怒りのたまっている人物だということには確信を持っています。しかし，この怒りを上手に処理できるかどうかについては，確信が持てません。

6）自己知覚

　それでは最後の二つのクラスターに移りましょう。まず自己知覚からいきますが，これはかなり簡単にできます。すでにかなり解説した部分がありますから。

　まず自己中心性指標ですが，だいたい平均の範囲内にあります。自分のことを非常に嫌っているとか，自分に対して嫌な感情を持っているなどと言えるようなものは何もありません。先ほどFD反応が5個あると言いましたが，自己検閲活動をしている人です。この人が自分自身をどのように見ているのかを理解するための非常に重要な要素が，突然ここで浮かび上がってきています。これがHVIです。

　ここでちょっと困ってしまいます。というのは，取れてはいませんがTがあったのではと疑っているので，もしそうだとしたらHVIが陽性になることはないのです。今のところ，Tをつけなかったのは妥当だったと仮定して，この人は警戒心過剰であると，それをそのまま受けとめることにします。警戒心過剰というのは不幸な状況です。自分のことがあまり信用できないことから起こってくるからです。それが基にあって，それを外の世界に投影しています。そしてひいては他の人も信用できないという状況になっているからです。警戒心が過剰な人は，準備状態を維持することにかなりのエネルギーを費やしています。何かあったらすぐに反応できるような状態に自分を常に準備しておくことが，とても大切だと信じています。どういうことが起こるかはわからないが，とにかく何が起こってもそれに対処できるように準備しておきたいということです。つまり，世界のどこかの誰かが自分に悪いことをするかもしれない，それに対して対応できるようにと思っているわけです。自己概念としては，とにかく準備状態を整えておかなければ他の人の行為によって自分は簡単に傷付けられてしまうのではないかと，そういう気持ちがあります。ある環境に置かれ

たときにきちんと機能できないのではないかという，慢性的な不安感につきまとわれています。したがって他の人たちと成熟した長続きする関係を持つことが難しいのです。他の人との関係は，ともすれば非常に表面的なものとなります。他の人たちに感情的に接することが非常に難しいのです。

この人の生活歴を読んで面白いと思ったのは，21歳で結婚したのだけれども結婚は2～3年で破綻したことです。24歳で離婚して，それから27年くらい経っているのですが，誰かと同棲しているとか，付き合っているような恋人がいるとか，これから結婚を考えているような相手がいるとか，そういうようなことは全然ここには出ていないわけですね。すごく悲しいことだと思います。しかし警戒心が過剰な人にはこれは珍しいことではありません。つまり他の人と非常に近い関係が築けないわけです。たぶんそれは自分の中にたまっている怒りと関係するのだと思います。

7）対人知覚

次に対人関係のデータに進むと，少し違ったことがわかります。まず最初によい知らせがあります。CDIが陽性ではないということです。ただHVIはすでに陽性だと出ています。また，人間表象反応もたくさんあります。その説明はこの後しようと思いますが，その前に注目してもらいたい変数がいくつかあります。まずTが0。a：pが9：10です。9：10というのは方向性としてはよくありません。しかし経験的データからはこれについて明確な解釈をすることはできません。これが8：10であれば，たぶん，対人関係に消極的であると言えるかもしれませんが，9：10ではそれは言えません。ですからここからは何も読み取れません。また，たくさんの人間反応を出しています。14あります。14のうちの7がPure Hです。Pure H反応が7あることはよいことです。これがたとえば3個くらいしかない，そして残りの11がHdや括弧つきのものであるとなるとちょっと問題です。括弧つきのものが増える，あるいはHdが多いというのは，自己概念が実際の経験に基づいたものである可能性が低いということになるわけですが，この人の場合はそうではありません。

一方，この人には食物反応があり，それは他の人に依存したい気持ちがある

ことを表しています。同じ人の構造一覧表の中にHVIが陽性で，しかもFdがあるということは，これはもう作話的結合に等しいくらい難しい組み合わせであると思います。つまりHVIが陽性ということは警戒心が強くて他の人は信用しないということなのに，その同じ人が他人に依存した関係を築きたいと思っているということですから。もし誰かと依存的な関係を形成することができたとしても，たぶんその相手に操作されるのではないかと，常におびえていると思います。つまりこの人の中には葛藤があるというはっきりした証拠が現れています。誰かには頼りたい，けれども誰も信用できない。これは典型的な接近－回避型の葛藤状況を作ります。あと面白いのは4個のCOPがあることです。これは非常にプラスの所見であると思います。対人関係を非常に肯定的に捉えている証拠だからです。また，周りの人たちはこの人を好ましい人物であると見ているでしょう。

　この人の他の人たちに対する概念が，現実的で肯定的なものに基づいているのか，あるいは何か別のものなのかという検討をしていきたいと思います。人間に関係する反応すべてのH，M，またはFMでもCOPやAGがついているものを良質（good）と貧質（poor）に分けていきます。この記録の16個の反応をコードすると，11個はGHRで，5個はPHRです。PHRに1を加えたものとGHRを比較すると，GHRの方が大きくなっています。これはとてもよいサインです。現実的で肯定的な興味を他の人に持っているのがわかります。もともとCOPが4個あったので，これと結び付けるとうなずける結果です。もう一度反応を長々と読み上げることはしませんが，少しまとめておきたいと思います。

　私にとってもっとも大きな問題は，この人がHVI陽性であることです。本当に警戒心過剰だと仮定すると，他人が信用できない，何か悪いことをされるのではないかと恐れていることが，この人の主たる問題となります。まず，うつ状態であるのか，という問いに対しては，そうではないと答えられると思います。ところがこの人は抗うつ剤を処方されています。これはあまり賢いやり方ではなかったと思います。医師らは本当にうつ病だと考えて処方していたのだと思いますし，本人自身がすごく気分が落ち込むと言っているわけです。で

第Ⅱ部　事例研究

も私はこの人が本当にうつ病だとは思いません。そうではなくて自分の怒りだとか非常に不快な感情をうつ病として転化しているだけではないかと思います。うつではありません。非常に怒りがたまっているのだと思います。この人は，自分に対して非常に不安な気持ちを持っています。また他の人との間に関係を築いていく能力があるかどうかについても非常に不安に思っています。それと同時に他の人を肯定的に見ている，ということもあります。他の人のことをお互いに自然な感情の交流を持てる存在として見ています。自分もそういうふうに接したいと思っています。しかし何年にもわたってそういうことはできていません。おそらく自分自身が信用できないし，他の人も信用できないからだと思います。この人は仕事の上でたいへん成功してきました。しかし，他の人ほど教育を受けていないのでそういう意味で恥ずかしく思う，と本人は言っています。21歳のときに結婚して，3年後に離婚しています。この人は人に対して関心があるわけですから，本当に受け入れてもらいたいと思って結婚したのだろうと思いますし，相手に対して期待も大きかったのではないかと思うのですが，結局相手がいい人ではなかったのかもしれません。そのときの心の傷がまだ尾を引いているのだと思います。そしてそれを乗り越えられない自分に腹を立てているのでしょう。

8）治療について

治療するには，非常に素晴らしい候補者だと思います。ただ投薬はしないと思います。それと同時に認知テストを受けてもらおうと思います。というのは，ときどき具体的なことに縛られ，抽象的なレベルで考えることができなくなるからです。その辺りが私には理解できません。この人を紹介してきた人に対して，私はこの人のことが本当に心配だと，率直に申し上げます。この人の怒りは非常に強いものです。かなりストレス耐性の強い人ではありますが，その傾向がこれからも続くかどうかについては確信が持てません。人生において，あまり他の人から支援を受けたことがない人物のように思えます。人は誰しも50歳の坂を越えると，年を取ったなあと思うものです。たいていの人が45歳から55歳くらいになると，今までこんなことができなかった，こういうこと

をやり残してしまったと考えがちです。まだ十分若いということに気づかないのです。自分が年を取ってきたということに過剰に注目してしまうのでしょう。この人について，これ以上申し上げることはありません。とても魅力的な人で，私自身が治療に当たりたいくらいです。たぶん好ましい人だと思います。ただ，この人はたぶん実際の自分以上に好ましい人物であろうと努めるだろうということを，治療者に忠告しておかなければいけません。つまり，自分の中にため込んでいる怒りを，治療者と共有しようとはなかなかしないということです。それについてはかなり心配しておく必要があります。なぜならば，治療でこの怒りを取り上げなければ，たぶんこの人はこちらが望ましくないと思うような自殺企図などを含めた行動を取るかもしれないからです。

第Ⅱ部　事例研究

第3章
過食嘔吐を繰り返す事例への治療計画

1．ケースの概略

　専門学校卒の30歳の独身女性。19歳の頃から続いている過食・嘔吐の治療を求めて精神科外来を受診した。20歳のときに大学病院の心療内科に50日程度入院して治療を受けて以来，治療歴はない。
　「食べて吐いてしまうことが一番辛く，なかなかよくならない」と主訴を述べ，「この症状があるから人とうまく話せないし，たとえ友達に話しても親しくなれないのではないか」と対人関係に関する不安についても述べる。
　症状はほぼ毎日続いている。昼も職場のトイレで吐き，買い物をして帰ってから夜に過食，嘔吐する。夜に最低1回は過食嘔吐し，イライラしているときは3回くらい吐くこともあるという。夕食後にさらにご飯を2杯くらい，食パンを3枚くらい食べ，水分を取ってから吐くことが多い。症状は，大学受験を目指していた浪人中にひどくなった。自分で何とかできると思ってやってきたが，どうにもならないことがわかり，摂食障害に関する本を読み，精神科を受診することに決めたという。
　自分の性格については，「物事に余裕がなく，常に何かに追いかけられているよう。仕事は頼まれればやるけど，達成感がない。自分自身から自発的に行動しないので，それが駄目だと落ち込みやすい」と述べている。
　治療目標については，「食べ吐きをやめたい。けれども，まだ太りたくないという思いがあり，やめたいと思う反面，治ったら太ってしまうのではないかと不安に思う。太ってしまったら誰も自分に興味を持ってくれなくなるのではないか，嫌われてしまうのではないかと思う。嫌われたくないという意識が常にあって，それが何とかなるといい」「対人関係では，ボーイフレンドとうま

第3章 過食嘔吐を繰り返す事例への治療計画

く付き合えるようになるといい。付き合う人はいても,関係があやふやで,本当に付き合っているという気がしない。たいてい他にも彼女がいて,すぐ振られてしまう。けれども,そんな男性に惹かれてしまうところもあるので,そういうことを繰り返したくない」と述べる。

2人兄妹の2番目。4歳年上の兄は6年前に結婚し,現在は両親と3人で暮らしている。「家では内弁慶で,高校を卒業してから4年前くらいまで母親と喧嘩をすることが多かった」という。家を出ることについて尋ねると,「反発しているけれども甘えているところもあるし,楽なところもある。親なのだから何を言ってもいいだろうと感情的になって母親と口喧嘩してしまい,エスカレートすると物を壁に投げたりしてしまう。止められずにどんどんエスカレートしてしまいそうで,自分でもこわい」と述べる。

浪人生活を2年したが,大学受験には失敗した。旅先で知り合った友人の誘いで,22歳から24歳まで演劇に関わり,舞台で役者をしていた。その後,事務の仕事のアルバイトなどを続けながら語学の専門学校に通う。5年前から薬局に販売員として勤務している。

本人が心理療法を希望した。治療への導入に当たって治療目標を本人と確認していくために,ロールシャッハ・テストが施行された。

ロールシャッハの結果について,次の3点が検討事項とされた。

　（1）短期および長期の治療目標としては何が考えられるか。
　（2）治療上の留意点は何か。
　（3）テスト結果をどのように本人にフィードバックするか。

カード		反　応	質問段階
I	1	女の人の骨盤に見えます。	E：（被検者の反応を繰り返す。以下省略） S：これ全体的に見て,ここが穴（S）,仙骨,形が骨盤に（Wから両側のD7を除く）。
	2	顔にも見えるかな。悪魔みたい。	S：これは目で（S）口で,目がとがっているというか。

第Ⅱ部　事例研究

カード		反　応	質問段階
	3	羽を広げている鳥が後ろのほうにいる感じ。	S：ここの部分が羽を広げている，大きく広げている鳥に見えました（Wの上部）。 E：後ろの方にいる感じ。 S：この部分が前にあるように見えて（D2からDd34を除く），その後ろに。 E：そのように見えたのを教えてください。 S：黒い木とか，木か森かな，クリスマスツリーみたいな大きい。
	4	女の人が立っていたり，腕を広げていたり，鳥が羽を広げているような感じがします。	S：これが顔，腕で，手を広げているよう（D4からDd31辺りを除く）。 E：女の人。 S：こういうところがくびれているので女の人。
Ⅱ	5	血が飛んでいるような感じがします。	S：このパッとなっているところが目にはいって。 E：血が飛んでいる。 S：赤くて，パッと，こういうふうにシュッとなっているので。
	6	赤いのがツクシみたいに見えるのと。	S：ここがツクシに見える。 E：そのように見えたのを教えて下さい。 S：ツクシのつくしんぼうに，この辺が見えて，はえているよう。先の所の色が変わってしましまになっている。ツクシの上のところ。
	7	人がしゃがんでいて，手と手を合わせているような印象。	S：ここが手で，これが足で，しゃがんでいて，頭で足。
	8	人が足を挙げて，横になっているような感じがします。	S：これがお尻で（D3）足（D3からD2を含むU字型）。こっちにお尻を向けていて，足で靴下はいている。太もも，関節，膝のところの裏で。 E：靴下。

第3章　過食嘔吐を繰り返す事例への治療計画

カード	反　応	質問段階
Ⅲ　9	これは女の人が 2 人向かい合っているよう。真ん中に心臓，ハート，2 人の間に気持ちが通いあっているようだけれど，頭の後ろにパッションみたいの持っている感じがします。	S：ここの赤い靴下はいている。足でつま先で，ここが足首に見えて。 S：黒人の女の人みたいな感じ。2 人いて，胸があって，お尻があって，手。ここはハートに見えて (D3)，ここの 2 人をつないでいるように見えて。これぶつけてあるみたい。卵か何かぶつけて飛び出ているような。この人たちの頭の中では，何か火が燃えている感じ。 E：黒人。 S：体型が，胸がでて，お尻がでている。 E：ハート。 S：赤い色がハートとか心臓に見えて，気持ちを表していて。 E：パッションみたいのについて教えてください。 S：2 人が突然会ってビックリマークみたい。
Ⅳ　10	大きな人を下から見上げている。上から見下ろされている。人というか怪物。しっぽがはえている。	S：これが頭で手で，足。下の方が大きいから下から見上げている。
11	後ろから人が支えているようにも。	S：お尻のところを手でこう押さえている (D1 辺り)。前にいて後ろで支えている。 E：後ろで支えている。 S：ななめ後ろに。これが傾いているように見えたから。
12	頭がハエみたい。	S：この，これが目で，ハエの。
13	ひらひらしていて，ワカメがひらひらしているみたい。	S：こういうところがぴらぴらって見えて，こういう波打ってるのと濃淡が黒い薄いのがひらひらと揺れている感じ。 E：ワカメ。

第Ⅱ部　事例研究

カード		反　応	質問段階
Ⅴ	14	これは何か舞台衣装を着ている人が，チョウの格好をしている人が立っている印象がします。	S：波に揺れているような形が。 S：これが人で，顔で，足があって，これが大きい羽を付けているように見えました。
Ⅵ	15	これは楽器に見える。弦楽器に見えます。チェロ。	S：これがアームで，ここが楽器で調節するところ。
	16	上の方に人みたいに見える。顔があって。	S：これが人で（D3辺り），頭で，手で，足。手を広げて足がある。
>	17	海に映っている船があるように見えます。	S：こっちが海で，船みたいに。煙突があって。
Ⅶ	18	これも女の人が2人。顔は人間なんだけれど，身体は鳥みたい。身体が二つにちょん切れちゃっているみたい。	S：これは顔で，髪の毛で，これが身体みたい。ひよこみたい。ここでちょん切れちゃっている。
	19	紙がこげちゃって，部分的に燃えているみたい。	S：ここのところが紙（Dd23上部辺り）。燃やしたときに全部燃えないでこげている。 E：こげている。 S：燃え残っている。ここだけ黒く残っている。
	20	女の人の顔の下に，もう一つ反対側向いている顔。怪物みたいな顔に見えます。	S：これとこれ。ここのところが目で，鼻で口。
Ⅷ	21	木か何かに。これ，ヒョウみたいな，トラみたいなのが登っているように見える。このピンク色，オレンジが目につきます。	S：これが木で，これ，足が4本。顔。登っているみたい。
	22	真ん中の緑っぽいのが，何か気持ち悪い感じがして，動物の手から何か放射しているように見えます。	S：ここの手からバーッと出している。 E：そのように見えたのを教えてください。 S：手からクモの巣みたいの投げている。
Ⅸ	23	また，色がついている。このオレンジ色のが，いきなり目に入って。	S：これ塔に見えて，窓（S）に見えました。

第3章 過食嘔吐を繰り返す事例への治療計画

カード		反　応	質問段階
X	24	何だろう。何か建物に見えるし。花びらみたいなオブジェに見える。ガラスでできた器みたいに。	E：そのように見えたのを教えてください。 S：こういうの見たことある。円柱の（D8辺り）。 S：これは全体的に，こういう，この部分（D2）全体がこういうふうになっていて，ガラスでできている花瓶。 E：ガラスでできている花瓶を教えてください。 S：薄くなっているところが透明感。下が立体的なお皿みたいで。 E：立体的というのを教えてください。 S：ここが丸く空洞になっている感じで，こういう丸くお皿みたいな形。
	25	色がきれいに見える。一番上のがエッフェル塔。人とかウマが踊っていて，楽しそうにしているのかな。	S：これがエッフェル塔（D11）。前足，後ろ足，頭があって飛び跳ねている（D7）。これも人に見えて，みんな手をつないでいるように見えて，みんなどこかつながっているように。 E：エッフェル塔。 S：三角形の一番上で，このエッフェル塔は遠くにあって，前の逆。 E：遠くにある。 S：バーッて広がっている道に見えて。
	26	この青いのがクモにも見えて。	S：足がいっぱいあって，顔に見えて，ここのところ（S）が目に見えて。
	27	ランの花みたい，全体的に。さっきランの花見たからかもしれない。	S：ここのところがランの花に見えて（WからD1，D11，D12を除く），ランの花って，花びらの所がこういう形をしていて，そこからさらに出ているみたい。

123

第Ⅱ部　事例研究

スコアの継列

Card	Resp. No.	Location and DQ	Loc. No.	Determinant(s) and Form Quality	(2)	Content(s)	Pop	Z-Score	Special Scores
Ⅰ	1	DdSo	99	Fu		Ad		3.5	
	2	WSo	1	Fu		(Hd)		3.5	GHR
	3	Dd+	99	FMp.FD.FC'u		A, Ls		4.0	
	4	Ddo	99	Mpu		H			GHR
Ⅱ	5	Dv	3	CF.mpo		Bl			
	6	Do	2	FY–	2	Bt			
	7	D+	1	Mp–	2	H		3.0	PHR
	8	Dd+	99	Mp.FC–		Hd, Cg		3.0	PHR
Ⅲ	9	D+	9	Mp.CF.mp–	2	H, Hx, An, Id	P	4.0	FAB2, AB, PHR
Ⅳ	10	Wo	1	FDo		(H)	P	2.0	GHR
	11	Dd+	99	Ma.FD–		(H), H	P	4.0	FAB, PHR
	12	Do	3	Fu		Ad			
	13	Ddv	31	mp.YFu	2	Bt			
Ⅴ	14	W+	1	Mpo		H, Cg		2.5	GHR
Ⅵ	15	Wo	1	Fu		Sc		2.5	
	16	Ddo	99	Mp–		H			PHR
	17	D+	1	Fro		Sc		2.5	
Ⅶ	18	Do	2	Fo	2	H	P		INC2, MOR, PHR
	19	Ddv	99	mp.C'F–	2	Id			MOR
	20	Do	3	Fo	2	Ad			
Ⅷ	21	W+	1	FMao	2	A, Bt	P	4.5	
	22	D+	1	Ma–	2	A, Id	P	3.0	FAB2, PHR
Ⅸ	23	DdSo	99	F–		Sc		5.0	PER
	24	Do	2	FYo		Art			
Ⅹ	25	WS+	1	Ma.FD–	2	H, A, Sc		6.0	COP, FAB, PHR
	26	DSo	1	Fo	2	A	P	6.0	
	27	DdSo	99	Fu		Bt			DR

Summary of Approach

Ⅰ：DdS.WS.Dd.Dd	Ⅵ：W.Dd.D
Ⅱ：D.D.D.Dd	Ⅶ：D.Dd.D
Ⅲ：D	Ⅷ：W.D
Ⅳ：W.Dd.D.Dd	Ⅸ：DdS.D
Ⅴ：W	Ⅹ：WS.DS.DdS

第3章 過食嘔吐を繰り返す事例への治療計画

構造一覧表

Location Features		Determinants		Contents		S-Constellation	
Zf	= 16	Blends	Single			☑	FV+VF+V+FD > 2
ZSum =	59.0			H =	8	☐	Col-Shd Blends > 0
ZEst =	52.5	FM.FD.FC′	M = 5	(H) =	2	☑	Ego < .31 or > .44
		CF.m	FM = 1	Hd =	1	☐	MOR > 3
W =	6	M.FC	m = 0	(Hd)=	1	☑	Zd > ±3.5
(Wv =	0)	M.CF.m	FC = 0	Hx =	1	☐	es > EA
D =	11	M.FD	CF = 0	A =	5	☑	CF+C > FC
W+D =	17	m.YF	C = 0	(A) =	0	☑	X+% < .70
Dd =	10	m.C′F	Cn = 0	Ad =	2	☑	S > 3
S =	6	M.FD	FC′ = 0	(Ad)=	0	☐	P < 3 or > 8
			C′F = 0	An =	2	☐	Pure H < 2
DQ			C′ = 0	Art =	1	☐	R < 17
	(FQ-)		FT = 0	Ay =	0	6	Total
+ =	10 (6)		TF = 0	Bl =	1	**Special Scores**	
o =	14 (3)		T = 0	Bt =	4		Lvl-1 Lvl-2
v/+ =	0 (0)		FV = 0	Cg =	2	DV =	0 x1 0 x2
v =	3 (1)		VF = 0	Cl =	0	INC =	0 x2 1 x4
			V = 0	Ex =	0	DR =	1 x3 0 x6
Form Quality			FY = 2	Fd =	0	FAB =	2 x4 2 x7
	FQx MQual W+D		YF = 0	Fi =	0	ALOG =	0 x5
+ =	0 0 0		Y = 0	Ge =	0	CON =	0 x7
o =	9 1 9		Fr = 1	Hh =	0	**Raw Sum6**	**= 6**
u =	8 1 3		rF = 0	Ls =	1	**Wgtd Sum6**	**= 29**
- =	10 7 5		FD = 1	Na =	0	AB = 1	GHR = 4
none =	0 0 0		F = 9	Sc =	4	AG = 0	PHR = 8
				Sx =	0	COP = 1	MOR = 2
			(2) = 11	Xy =	0	CP = 0	PER = 1
				Idio =	3		PSV = 0

RATIOS, PERCENTAGES, AND DERIVATIONS

R = 27	L = 0.50		FC : CF+C	= 1 : 2	COP = 1	AG = 0
			Pure C	= 0	GHR : PHR	= 4 : 8
EB = 9 : 2.5	EA = 11.5	EBPer = 3.6	SumC′ : WSumC	= 2 : 2.5	a : p	= 4 : 11
eb = 6 : 5	es = 11	D = 0	Afr	= 0.35	Food	= 0
	Adj es = 6	Adj D = +2	S	= 6	SumT	= 0
FM = 2	SumC′ = 2	SumT = 0	Blends : R	= 8 : 27	Human Content	= 12
m = 4	SumV = 0	SumY = 3	CP	= 0	Pure H	= 8
					PER	= 1
					Isolation Index	= 0.19

a : p	= 4 : 11	Sum6	= 6	XA%	= 0.63	Zf	= 16	3r+(2)/R	= 0.52
Ma : Mp	= 3 : 6	Lvl-2	= 3	WDA%	= 0.71	W : D : Dd	= 6 : 11 : 10	Fr+rF	= 1
2AB+(Art+Ay)	= 3	WSum6	= 29	X-%	= 0.37	X : M	= 6 : 9	SumV	= 0
MOR	= 2	M-	= 7	S-	= 2	Zd	= +6.5	FD	= 4
		M none	= 0	P	= 7	PSV	= 0	An+Xy	= 2
				X+%	= 0.33	DQ+	= 10	MOR	= 2
				Xu%	= 0.30	DQv	= 3	H : (H)+Hd+(Hd)	= 8 : 4

PTI = 5	☐ DEPI = 4	☐ CDI = 3	☐ S-CON = 6	☑ HVI = Yes	☐ OBS = No

第Ⅱ部　事例研究

布置記録表

S-Constellation（自殺の可能性）
☐ 8つ以上該当する場合，チェックする
注意：15歳以上の対象者にのみ適用する

- ☑ FV+VF+V+FD＞2
- ☐ Col-Shd Blends＞0
- ☑ Ego＜.31 or ＞.44
- ☐ MOR＞3
- ☑ Zd＞±3.5
- ☐ es＞EA
- ☑ CF+C＞FC
- ☑ X+％＜.70
- ☑ S＞3
- ☐ P＜3 または ＞8
- ☐ Pure H＜2
- ☐ R＜17

6　Total

PTI（知覚と思考の指標）
- ☑ (XA％＜.70) かつ (WDA％＜.75)
- ☑ X-％＞.29
- ☑ (Lvl-2＞2) かつ (FAB2＞0)
- ☑ (R＜17 かつ WSum6＞12) または (R＞16 かつ WSum6＞17)
- ☑ (M-＞1) または (X-％＞.40)

5　Total

DEPI（抑うつ指標）
☐ 5つ以上該当する場合，チェックする

- ☑ (FV+VF+V＞0) または (FD＞2)
- ☑ (Col-Shd Blends＞0) または (S＞2)
- ☐ (3r+(2)/R＞.44 かつ Fr+rF＝0) または (3r+(2)/R＜.33)
- ☑ (Afr＜.46) または (Blends＜4)
- ☐ (Sum Shading＞FM+m) または (SumC'＞2)
- ☐ (MOR＞2) または (2xAB+Art+Ay＞3)
- ☑ (COP＜2) または ([Bt+2xCl+Ge+Ls+2xNa]/R＞.24)

4　Total

CDI（対処力不全指標）
☐ 4か5つ該当する場合，チェックする

- ☐ (EA＜6) または (Adj D＜0)
- ☑ (COP＜2) かつ (AG＜2)
- ☑ (Weighted SumC＜2.5) または (Afr＜.46)
- ☑ (Passive＞Active+1) または (Pure H＜2)
- ☐ (SumT＞1) または (Isolate/R＞.24) または (Food＞0)

3　Total

HVI（警戒心過剰指標）
☑ 1が該当し，かつ他が少なくとも4つ以上該当する場合，チェックする

- ☑ (1) FT+TF+T＝0
- ☑ (2) Zf＞12
- ☑ (3) Zd＞+3.5
- ☑ (4) S＞3
- ☑ (5) H+(H)+Hd+(Hd)＞6
- ☐ (6) (H)+(A)+(Hd)+(Ad)＞3
- ☑ (7) H+A：Hd+Ad＜4：1
- ☐ (8) Cg＞3

OBS（強迫的様式指標）
- ☑ (1) Dd＞3
- ☑ (2) Zf＞12
- ☑ (3) Zd＞+3.0
- ☐ (4) Populars＞7
- ☐ (5) FQ+＞1

☐ 1つ以上該当する場合，チェックする

- ☐ Conditions 1 to 5 are all true
- ☐ 2 or more of 1 to 4 are true かつ FQ+＞3
- ☐ 3 or more of 1 to 5 are true かつ X+％＞.89
- ☐ FQ+＞3 かつ X+％＞.89

2．エクスナーによる解釈

　摂食障害の女性のケースです。この方は，両親と一緒に暮らしていて，女優になりたいと思っています。今，語学学校に通っていて，それからたぶんパートタイムだと思うのですが，薬屋さんで働いています。自分からテストを受けに来たということですね。これは大変興味深いところだと思います。

　なぜ興味深いかというと，最初に該当する鍵変数はPTIだからです。これが5になっています。PTIが5ある場合には，かなり重篤な精神病が考えられます。ただし，普通は，精神障害を持つ人が自分から病院にやって来ることは考えられません。ですから，まずはじめに問わなければいけないのは，このPTIは本当に重篤な精神障害を表しているのか，それともそれ以外のものを指し示しているのかということです。そこで，認知の三側面から始めて，順次他のクラスターを見ていくことにします。精神障害かどうかを思考だけから理解するのは大変困難です。順番通り，情報処理，認知的媒介，そして最後に思考を見ていきます。

1）情報処理

　情報処理のデータを見ていきます。まあまあ，いい印象を受けます。27の反応を出していて，そのうちの16が組織化されたものです。つまり，一生懸命作業をしたということです。次に，かなり気になるのが，W：D：Ddの比率です。6：11：10です。6：11はいいのですが，この10というのが気になります。二つの可能性があります。非常に用心深く，細かいところに拘泥しているという可能性。もう一つは，精密さや正確さを求めるあまり普通のD反応にちょっと手を加え，そうして検査者を納得させることによって自らを守ろうとしているという可能性です。この二つの可能性のどちらが正しいのかを，Dd反応を見て明らかにしていきたいと思います。

　最初の反応は女性の骨盤でした。D7の上のところですね。これをカットしてしまっています。反応3は非常に妙な反応なんですが，「羽を広げている鳥が後ろのほうにいる感じ」。後で，そこに「黒い木」があると言っています。

黒をしっかり使っています。反応4は普通の反応です。「女の人が立って」いる。ところが，D4の下のところを切り離してしまっています。このケースの別のところに出てくるDd反応を見ると，この人は細かいことにとらわれるような，いわゆる強迫的な状態にはないことがわかります。この人は無難にやろうとはしていますが，正直な人です。それと，たぶん検査者に対していい印象を与えたいと思っています。他の反応を見ていくときにも，それは頭に入れておくべきです。

さて，情報処理のやり方を見ていくことにしますが，領域の継列を見ると，一貫していないのがわかります。Ddであったり，Wであったり，DSであったり，DdSであったりと，本当にいろんなところを拾い上げているのがわかります。おそらくこの認知のプロセスは他の何かのファクターの影響を受けているのだと思います。感情かもしれませんし，思考かもしれませんし，私たちの知らない他の何かもしれません。しかしはっきりしているのは，処理の仕方は一貫していないし，わかりやすくもないということです。これは，治療を考える上でとても重要な点になると思います。つまり，処理の仕方が一貫していない人の場合には，情報処理をするときにもう少し時間をかけ，十分検討させることが初期の治療目標になると思います。

W：Mの比率を見ると，この人はかなり低めの目標を設定する人だということがわかります。これは，Dd反応を非常に多く出していることとも一致します。一方で，Zdが+6.5になっています。ということは，何度も何度もスキャンニングを繰り返しているということです。自分がきちんと刺激野を見たかどうか確かめているということですから，そういう点では大変効率の悪いやり方をしていると言えます。このようなオーバーインコーポレーション（情報の取り込み過剰）は長所になり得ます。しかし，自分に不安がある人がオーバーインコーポレーションの傾向を持っている場合には，あまりにも一生懸命作業をやり過ぎるという点で，マイナスになると思います。こうして見るとDd反応を非常に多く出していることがうなずけるのですが，どれも大きな領域でDdにしてしまっています。とにかく物事を細かく見ようとして，現実を非常に歪める結果になっています。一生懸命やり過ぎて，かえってうまくやれていませ

ん。全体像を無視してしまい，そのためにいろんなものを変えてしまうのです。より正しくあろうとしてのことですが，その結果，かえって正しくなくなってしまいます。

　DQ+は10あります。これはよいと思います。しかし，DQvも3あります。これは，少なくとも知性的な成人にとってはあまりいいことではありません。つまり，この人の持っているまずい情報処理の方法やスタイルを表しているわけです。不注意さがあることを表していると思います。どこでDQvになったのでしょうか。反応5の血液，反応13のワカメ，それと図版Ⅶの反応19のこげた紙ですね。図版Ⅱの血や図版Ⅳのワカメはまだしも，この「こげた紙」は珍しいDQvですね。投映の起こった反応と思えます。皆さんの中で，自分がこげた紙のような感じを持つ人はいますか。「どう，元気？」と聞かれて，「私ねえ，こげた紙のような感じなの」と言う人はいますか。そんな人，ちょっと私には想像できません。私は自分のことをそんなふうには感じたくありません。情報処理はあまりよくありません。とにかくあまりにもばらばらになっていますし，やり過ぎてもいる。そして，やり過ぎているのに，そこからは何ら利益を得ていません。しかも，そういうことをやっているときに，感情に圧倒されているように思います。

2）認知的媒介

　それでは認知的媒介にいきたいと思います。XA%とWDA%はまったくよくありません。あまりにも低過ぎます。この両方ともが，ブロットのわかりやすさという特徴と関係しています。つまり，形態の特徴を適切に使っているかどうかということを示しています。この人はそういうふうにきちんとは扱っていません。物事をかなり歪めています。X-%は0.44です。これは随分と知覚が正しくない，正確ではないことを表しています。この人が精神病だとすれば，ある程度理解はできます。つまり，精神病的過程が認知に障害を与える，干渉することは考えられるからです。しかし，もし精神障害を持っていないのであれば，なぜこんなに歪むのか。反応の3分の1から半分ぐらいまで，現実を歪め，現実を無視しているということになるので，ぜひその答えを見つけたいと

思います。マイナス反応は10あります。そのうちの二つがS反応です。Sの数は6ですが，そのうち二つはマイナス反応です。マイナス反応を読んで，それらをつなぐ共通の縦糸はあるのか見てみることにしましょう。

　反応3，これが最初です。木の後ろに鳥がいる反応です。問題はその歪みがどれぐらい極端なものかということです。両側にあるのが木です。ここの部分が鳥なんですね。これはマイナスに違いありませんが，そんなにひどい反応とは言えません。これは私流の言い方なのですが，マイナスにもソフトとハードがあると考えています。ソフトマイナスというのはそんなにひどくないマイナス。ハードマイナスはまったく気に入らないマイナス。私に言わせれば，反応3はソフトマイナスです。正しくはありません。いい反応ではありません。しかし，ひどい反応とも言えません。次は反応6。これは奇妙な反応です。「赤いのがツクシみたいに見える」。これもソフトマイナスです，たぶん。ちょっと確信は持てませんが。その次は反応7。「人がしゃがんでいて，手と手を合わせているような印象」。頭はどこにあるのでしょう。ハードマイナスでありませんが，よい反応とは言えません。ブロットの残りを使って，どこかに頭を認めるべきだったと思います。反応8は，「人が足を挙げて，横になっているような感じがします」。これは気に入りません。ハードマイナス。こだわりを示すマイナス。性的な反応です。靴下についてかなり詳細な説明をしていますが，これが気に入りません。かなり全体を歪めていると思います。足も完全な形にはなっていません。この反応については後でまた話をします。次は反応9で，「女の人が2人向かい合っている」。これはいいと思うのですが，「真ん中に心臓」があります。「2人の間に気持ちが通いあっている」「頭の後ろにパッションみたいの持っている」。これはかなりドラマチックな反応だと思います。やはり二つの可能性があると思いますが，どちらなのかはわかりません。一つは自分をコントロールできない，ヒステリー型の人間であること。もう一つは，検査者によい印象を与えようとして一生懸命がんばっていること。もちろん，検討していって最後にはいずれなのか，あるいはその両方なのかを明らかにしたいと思うのですが，気持ちが通いあっていて，パッションが頭の後ろにあるというのは，とても愚かな，ばかげた答えだと思います。こんなことを言う必

第3章　過食嘔吐を繰り返す事例への治療計画

要はないと思うのです。強迫的に言わなきゃいけないと感じて言っているのか，あるいはとにかく何もかもまとめて反応として出さなくてはいけないと思ってがんばり過ぎ，自分でトラブルに陥ってしまったのか，そのいずれかだと考えられます。ここでちょっと気がついたことがあります。今気がついたのは，10のマイナスのうちの7までが色彩と関係しているということで，もしかすると感情の刺激によって歪みが生じているのかもしれません。次の反応11は，「後ろから人が支えているようにも」というものです。斜め後ろにこれが傾いているように見えるから，支えている。これは非常におかしな反応ですから，ハードマイナスです。ハードマイナスの中にはいわゆる性的な反応というものも含まれるのですが，この反応では後ろから支えていると言っています。一体何を言おうとしているのかわかりにくいのですが，もう少し後でその意味を考えたいと思います。反応12の「頭がハエみたい」。これはソフトマイナスです。反応16は「上の方が人みたいに見える。顔があって」。人で，頭で，手で，足。これもハードマイナスです。ここに人を見るのは難しいことです。次の反応19，これが「こげた紙」です。反応もさることながら，その領域が興味深い。とても小さな領域を指しています。反応22は「動物の手から何か放射しているように見えます」「手からクモの巣みたいの投げている」。スパイダーマンみたいですね。これもFABCOM2がつく，とてもおかしな反応だと思います。確かにそういう特徴は図版の中にありますが，それをこのように解釈するというのは非常に不適切だろうと思います。反応23はソフトマイナスです。反応25，これが最後ですね。「人とかウマが踊っていて」「みんな手をつないでいる」。

　この人は認知的媒介に深刻な問題を抱えていると思います。内面の望ましくない性質に随分影響されていて，その働きに圧倒されている感じがします。いろいろ見てきましたが，この中に精神病の証拠があるかどうか，今ちょっと自問自答しています。……精神病だとは思いません。最終的な判断は最後まで先延ばしにしますから途中で考えが変わるかもしれませんが，今の時点では私は精神病の人ではないと思います。それ以外の何かだろうと思います。

　この人が精神病ではないと思うもう一つの根拠は，平凡反応が7個あること

です。これは精神病の状態にある人には大変珍しいことです。X+％は0.33で，いわゆる慣習的な人ではないということがわかっています。世の中の物事を非常に独特の，変わった形で解釈している人だと思います。情報処理のやり方も非常に混乱していて断片的で，全体がまとまっていないという問題を持っています。もう一つ，解釈，翻訳にも問題があります。それも，かなりの程度あります。したがって，この人は精神病ではないけれども，世界観はかなり歪んでいると思います。

3）思考

この人の思考についてもう少し詳しく見ていきたいと思います。この人は内向型の人です。しかも固定した内向型です。いつも同じようなやり方をするので，柔軟な人ではありません。つまり，自分の感情を素直に出した方が役に立つような場合，あるいは自分で動いて物事の解決をした方がいいような場合であっても，そうしようとはしません。自分の頭の中に全部閉じ込めてしまうような人です。この人は自分の内面の動きに非常に影響されやすく，そのために現実と自分の内的衝動や感情との区別をつけることがなかなかできません。

何とかいい材料を集めようとしているのですが，次にわかったのが受動的であるということです。空想の中に住んでいます。これで状況はさらに悪くなりました。つまり，この人はファンタジーを使っているわけですが，これは現実からの逃避，あるいは否認です。現実，それもつらい現実を頭の中で別の想像の産物に置き換えてしまっているということです。トラブルを解決しようとする場合には，これはいい方法ではありません。Mが9個あるので，そのうちの何個がマイナスなのかを調べてみたいと思います。7ですね。内向型のスタイルを使っているので，それが現実を歪めてしまうことの背景にあるのだと思います。

状況関連のストレス下にあるのは明らかだと思います。これは今検査を受けているということや，自分から受診したということとも関係あるかもしれません。mが4，それからebの左辺，そういうようなところに表れているわけですが，これは今から治療が開始されようとしていることと関係があるように思

えます。自分から来られたということですが，その点がとても重要だと思います。この人はたぶん，いろんな考えが浮かんできて，自分ではそれを制御することができない，このままでは気がおかしくなってしまうんじゃないかと思っている，そのことを大変恐ろしく思っているということですね。本人が自由意志で受診したということ，本人がそれを決めたということは，とても重要です。他の人に，「このままにしていると気がおかしくなるから，頭のお医者さんにかかりなさい」と言われたとしたら，これは厄介なことだと思うのですが，この人の場合はそうではない。自覚があるということです。思考が非常におかしいという自覚があって受診してきたということは，重要なことだと思います。

　MORが2個あります。同一図版（Ⅶカード）で続けざまに出ています。これは必ずしも期待されないことであるとか重大なものであるというわけではありませんが，反応を見てみます。「女の人が2人」，これは結構です。これ以上言わなければよかったのですが，その後も続けてしまいました。「顔は人間なんだけれど，身体は鳥みたい。身体が二つにちょん切れちゃっているみたい」。これは恐ろしいことです。これも一つのよい例になると思います。この人は見たままのものに縛られて，融通を利かせることができない，そういうアプローチをしているということです。女の人が2人というよい反応なので，そこで口をつぐめばよかったのです。けれども，その後ブロットの輪郭部分を非常に精密に捉えようとして，そのためにこういう反応をしてトラブルに陥ってしまったのです。この後非常にドラマチックな反応が出てきます。自分に対する思いをとてもよく表しています。こげた紙。自分はひどく焼けこげてしまった。今もそうだ。この人の内的世界がどうであるのか，この点が非常に気にかかります。思考のコンテクストから考えると，この人は自分のダメージに非常にこだわりを持っていることがわかります。それから，思考が劇的に歪んでいます。まさに妄想にも匹敵するような，そういう歪みを見せています。こういう歪みをずっと抱いてきたんだと思います。非常に狭い，内向型の方法でそれを処理してきているということですから，現実をほぼ完全に拒否している，拒絶していると考えられます。ですから，治療は大変困難だろうと思われます。

　特殊スコアの数は6だけですが，INCOM2が1個あって，それからFAB-

COM2 も 2 個あり，非常に目を引かれます。こういうところにも，思考にまとまりがなく，ばらばらになっているという特徴が表れていると思います。この反応から，果たしてこれが精神病的過程と関係があるのか，あるいはそれ以外のところに原因があるのかについては，まだ確たる答えを出すことはできません。私が持つイメージでは，この人は自分の思考を恐れている，それに混乱もしています。しかも，その思考をそう簡単には完全に断つことができない。それを取り除くこともできないし，またそれを脇に押しやることも簡単にはできない。つまり，思考面でかなり過活動の状態にあるのではないかと思います。

　M反応は，先ほどマイナス反応を見るときにほとんど見てしまいました。マイナスではないMが2個ありますので，それを見ることにしましょう。反応4と反応14です。反応4では，普通の人が足として見る領域を，この人は切り取ってしまっています。「腕を広げていたり，鳥が羽を広げているような感じ」と言っています。このジェスチャーにはいろんな意味を汲み取ることができますが，私は，これは無力感の表れではないかと考えます。反応14は，「舞台衣装を着ている人」「チョウの格好をしている人」です。「大きい羽を付けている」人間と思われます。腕が鳥の羽になっているところは，「腕を広げていたり，鳥が羽を広げている」という反応4とほとんど同じです。思考はあまり明晰ではありません。ばらばらで，ときには非現実的な思考になり，ときには大変気味悪いものになっています。私はこの人が本当に精神病であるとは思っていません。しかし，もうあと一歩のところで非常に重篤な精神病の症状を示すようになるかもしれない，そのぎりぎりの線にいるという印象を持っています。助けを求めて叫んでいると思います。

4）統制

　統制の検討に入ります。これは大変興味深いところです。ここでまた，この人が精神病かどうかという疑問に答えたいと思います。統制に関するデータを見ると，この人は精神病ではないことが示されています。まずEAです。EAは11.5です。Dスコアは0ですが，Adj Dは＋2です。かなり重篤な精神病の人でAdj Dが＋2となる場合には，妄想体系のようなものがあると言えます。

この人のプロトコルはかなり長いですね。反応数は27です。したがってもしこの人が本当に妄想体系を持っているのであれば，反応をずっと見ていったときにそのおかしさがはっきり出てくると思います。先ほど私は，この人は非常に脆弱な人であって，あともう少しで精神病症状が出てくる状態だと言いました。今でもそういう考えを持っています。しかし，統制のクラスターを見ると，全体の統合を破壊していくような経験をできるだけ排除しようとする力があることがよくわかると思います。Adj esは6です。これを構成しているのは，二つのFM，それからC'が2，残りは状況関連の変数です。この人は，自分の感情に巻き込まれることをなんとか食い止めようとしているように思います。

知性化指標は3しかありません。こういうタイプの人は，自分を守る方法を見つけなければいけません。知性化するというのは，非常に簡単な防衛の方法だと思います。しかし，この人はそういう手段を脇に押しやってしまっても，ストレスに対する強固な耐性を維持することが可能なようです。そうしてしまうことが非常に辛い経験であったとしても，それはできていると思います。しかし，DスコアとAdj Dとの差が大きいということは，彼女はコントロールを失おうとしているし，そうなることを恐れているということです。そのためにこの人は今助けを求めているのでしょう。気がおかしくなってしまうことを恐れています。これによって，この人のマイナス反応，特にソフトマイナスの反応に見られる歪みの説明がつくと思います。また，すべてのDd反応にも同じことが言えると思います。本当に今助けを求めているのだと思います。これはよい徴候です。ただし，治療者の前で本当に心を開くことができるのならば，です。治療者がぶつかる困難があるとしたら，それはこの人の心を開くことがなかなかできないということでしょう。

5）感情

感情のクラスターに移ると，色彩反応が少ないことがわかります。三つだけです。Afrは0.35しかありません。低いです。あまり感情に巻き込まれたくないタイプの人です。感情をうまく扱えないだろうと恐れています。感情を扱うのが大変困難であるがためにS反応が出ているのだと思います。非常に内部に

怒りをためています。これまでの情報を合わせると，この人は対人関係の中でかなりいいように利用されてきたのではないかと思えます。この仮説を排除するのはかなり難しいと思います。私の勘ですが，少なくともこれまでは世慣れない未熟な人で，他の人がそこに付け込んできたのではないかという気がします。

　とても複雑な人です。ブレンド反応が8個あります。その一部は状況的なブレンドです。ただ他の重要な変数も含んでいます。二つはFDによるブレンドです。FDについては後でもう少し詳しくお話をします。自己知覚のところで触れます。たぶん，この人は心理的に非常に複雑な状況にあって，自分は一体何者であるのかということを解明しようと随分もがいてきたのだと思います。たぶんそのもがきの中で，感情的になってはいけないという警告を受け取ったのではないでしょうか。CF反応が二つありますが，一つは図版Ⅱの反応5，血の反応です。これはほとんど形がはっきりしない反応です。「血が飛んでいるような」と言っています。「赤くて，パッと，こういうふうにシュッとなってる」と言っていますが，これはかなりドラマチックな言い方です。継列を見ていくと，この反応を出した後に，「ツクシ」というマイナス反応を出しています。その後，性的反応と受け取れる「足」や「お尻」に言及した，非常に劇的な反応8へとつながっていきます。この人にとっては非常に強烈な体験だったわけです。もう一つのCF反応は反応9で，これもやはり劇的な反応だと思います。単純な平凡反応で始まっていますが，すぐに巻き込まれてしまい，「卵か何かぶつけて」となっています。「ハートとか心臓に見えて」「気持ちを表して」「2人が突然会って，ビックリマークみたい」ということも言っています。また，後の方では，「頭の後ろにパッションみたいの持っている感じがします」とも言います。「頭の後ろ」です，頭の前ではなくて。自分の感情を閉じ込める，隠すということと関係していると思います。気の毒だと思います。感情をとても恐れています。

6）自己知覚

　次にセルフイメージについて見ていきましょう。そこには，今言ったような

第3章　過食嘔吐を繰り返す事例への治療計画

ことがよりはっきりと表れています。まず反射反応があります。こういう人には典型的によく見られる反応です。生活歴を見ますと，非常に自己中心性の強い人でした。傷ついている自己中心的な人です。多くの人たちは自己愛の傷つきという言葉を使いますが，まさにこれが当てはまると思います。もっと小さいときには，おそらく自分がとても重要で素晴らしい人間であると思っていたのでしょう。しかし現実の世界ではそうではないことが証明されてしまいました。外見に対して大変こだわりのある人です。生活歴を読みますと，外見に気を遣わなかったら誰にも好かれないと言っています。また，「食べ吐きをやめたい。けれども，まだ太りたくない」と言っています。太ってしまったら誰も自分を好いてくれなくなるのではないか。つまり，嫌われたくないという意識が常にあります。大食いをして吐いてしまうとのことですが，こうした摂食障害は，非常に変な形ではあるけれど，彼女の自尊心を支える基でもあるわけです。いわゆる肥大した自尊心の根拠となっています。つまり，そうすることによって自分の外見の魅力を維持することができる，というふうに思っているわけです。もしもそれがなくなってしまうと，拠り所とするものが何もなくなってしまうと思っています。

　FD反応を四つ出しているのは大変興味深いし，肯定的なことだと思います。随分と自己吟味をしています。これはよいサインです。自分を理解したいと思っています。それなのに，自分のことがわからないので混乱しています。また，解剖反応が二つあります。それは身体に対するこだわりを表しています。反応1の「女の人の骨盤」。それから，反応9の「心臓」「パッションみたいの持っている」というもの。MORは2個です。ちょっとびっくりします。私は，この人はこの値が示すよりも悲観的な人だろうと思います。

　フィッシャーとクリーブランド（Fisher & Cleveland）が考えた特殊スコアに，境界・浸透反応（barrier & penetration answer）という大変興味深いものがあります。境界反応というのは，非常に硬くて，打ち破れないような表面を持っているものを意味します。境界反応の例としては，カニの殻であるとか，木の幹の中でもすごく硬いものとか，そういったものです。浸透反応というのは，境界が硬くない，あるいは透明であるとか，そういったものを意味します。

それから「足」や「お尻」がむき出しになっているというような反応もそうだと思います。「ツクシ」もそうだろうと思うのですが、いずれにしても、すごく露出しているとか、通り抜けてしまうのが容易な反応です。フィッシャーとクリーブランドは、このような反応は身体の不可侵性というか、完全無欠な身体というものと関係しているという仮説を立てました。最初に包括システムをまとめたときには、境界・浸透スコアという特殊スコアが考えられていました。しかし、これを検証することはできませんでした。何かがあるのはわかっているのに証明できないということは、大変苛立つことです。結局、境界・浸透スコアは採用しないことにしました。けれども今回のケースでは、エピソードや臨床的な観察から考えると、境界・浸透スコアは適用できるだろうと思います。

　もう一つよい点があります。それは人間反応がたくさんあることです。マイナス反応もかなりあるとは言え、人に関心を持っているということなので、人間反応が多いのはとてもよいことだと思います。人との接触から引きこもっていたようですから、これはよいことです。

　これまで反応を読んできましたが、自己イメージが非常にネガティブなものであることは否定できないと思います。反応10ですが、「怪物」という反応が出ていました。これは自己イメージとしてはあまりいいものではありません。M反応のうちマイナスでないものは二つしかありません。反応4の「女の人が立っていたり、腕を広げていたり」というものと、反応14の「チョウの格好をしている人が立っている」です。他にはいくつか弱々しい意味合いを含んだ反応があり、注目に値します。たとえば、反応13は「ワカメがひらひらしている」。実体がないわけですよね、硬いものでもないし。それから反応7ですが、「人がしゃがんでいて」という反応があります。これは怖がっている、おびえた反応です。「こげた紙」という反応も出しています（反応19）。「動物の手から何か放射している」という、そういう反応もありました（反応22）。反応24は「ガラスでできた器みたい」。これは透明ですね。中が透けて見えます。最後の反応27「ランの花みたい」はもっともよい反応だと思うのですが、「さっきランの花見たからかもしれない」と、個人的な話を持ち出しています。

漠然とですが，楽観的な見方を示しているのかもしれません。私もランの花になれるかもしれないという，何かそういう気持ちが表れていると思います。

7）対人知覚

次に，対人知覚について見ていきたいと思います。ここではもっと問題が出てきます。すでに検討したように，とても受動的な人です。自己愛と受動性というのは，まるで作話的結合のようです。受動的な人は，他者に操作されやすいという弱さを持っています。それに加えて，自己愛の強い人は，操作されるという状況になった場合は傷つきや侮辱を感じる量が非常に多くなってしまいます。材質反応はありません。何らかの原因があって，人との緊密な関係を期待しないようにと思っています。いつからそうなっているのか，知りたく思います。とても小さいときからなのか，それとも生育過程の中で少しずつそうなってきたのか，思春期に少しずつ時間をかけてそうなっていったのか。Tが0の人というのは，親密な関係が必要であるのに，そういったニーズをはっきりわかっていない，あるいは他の人から親密さの仕草というようなものを経験したことがありません。要するに普通の人が経験するようなものが欠落しています。ところがこの人には人間反応がとても多く，人に対する関心も強いわけです。今のところ，感情的な意味では他の人たちにどう対応したらいいのかわかっていません。この人は気持ちの上では他者を肯定しているのだけれど，他の人は彼女を利用している，そんな状態になっていたのではないでしょうか。そして何らかの理由で，周りの人は彼女を利用した後に彼女を拒否，拒絶したのだろうと思います。この人の生活歴からはその辺りの人間関係はあまりよくわからないのですが，おそらく満足できるような人間関係はあまりないのだと思います。

8）治療について

それでは，私が投げかけた質問に対する答えを，基本的な情報を見ながら考えていきたいと思います。まず精神病であるのか。答えはノーです。思考に問題があるのか，答えはイエスです。しかしもっと重要なのは，感情に関して深

刻な問題を抱えているということです。感情におびえています。このことが彼女のすべての行動に影響を与えています。特に他の人との間の行動に大きな影響を与えています。自分の中では，自分はいい人間であるというような考え方をしています。しかし，そういう考えはもしかしたら間違っているのではないかと思わせるようなことが，ここのところ起こっていったのでしょう。大食いをして，その後吐くという行動は，助けを求める正当で非常に便利な方法だったと思います。この行動はかなり前から見られました。同時に，これはあまり知的なやり方ではないという自覚もあります。しかし，摂食障害というのはある程度社会的に認知され，受け入れられているものです。本を読んだという記載がありました。もともとなぜこういう摂食障害が始まったのでしょう。確か最初は高校生のときでしたね。食べて吐くということがだんだんコントロールできなくなったと書いてあります。それから，「摂食障害に関する本を読み，精神科を受診することに決めた」という記述があります。しかし，受診した理由は摂食障害の治療を受けるためではありませんでした。そうではなくて，自分がバラバラになってしまうのではないか，それが怖いから，という理由でした。

　最後のところに，質問が三つ書いてあります。「短期および長期の治療目標としては何が考えられるか」「治療上の留意点は何か」「テスト結果をどのように本人にフィードバックするか」ということが書いてあります。

　短期的な目標としては，まずこの人との間に関係を作るということです。なかなかそれは難しいと思います。受動的な人ですから，治療者の方から一つの方向を示してほしいと思うタイプです。決定も全部治療者に任せてしまいたいと思うでしょう。これは，自分が意思決定をして治療者がそれを受け入れてくれる，そういうことが非常に心地よく感じられるようになるまで，続くと思います。また，いわゆる自己愛的な特徴を長い間持ち続けてきましたから，治療者にとってこれは大変やっかいなものになると思います。治療者に対して，自分のことをいつも気にかけ，注意を向けていてくれること，自分をいつも愛してくれていること，そういったことを期待すると思います。現実的かどうかに関係なく，治療者からいつも誉められたい，いつもそれでいいんだと言っても

らいたい，そういう思いを抱いている人です。それと同時に怒りもため込んでいて，おそらくこれが治療の障害になると思います。こういうタイプの患者さんは，下手をするともう来なくなる可能性があります。治療開始後5カ月から6カ月ぐらいの間に治療者がちょっとでも傷付けるようなことを言ってしまうと，もう来なくなる。自分の自己愛を満たしてもらえないとわかると，もう来なくなる。それから，治療者は自分のために決定してくれないということがわかると，もう来なくなる。こういった意味で治療は難しいと思います。

　長期的な目標としては，主なものが四つあります。最初の目標，これが一番重要だと思うのですが，それはセルフイメージの再構築です。大変難しいもので，これには長い時間が必要になると思います。今この人のセルフイメージはひどい状態にあります。ですから長期目標は，成人として，それからまた女性として，自分はどういうものであるのかという概念作りができるように手助けをすることです。それからそれと関連するのですが，2番目の目標は，自分の感情を直接認識し，それに対応できるようになるのを援助することです。3番目，これもやはりセルフイメージの発達と関係がある非常に重要な点なのですが，受動性を緩和することが必要になります。もちろんそれをなくすようにやってみてもいいのですが，少なくとも緩和することは必要だと思います。このように受動的なままでは人生を生きていけません。感情の問題，感情を扱えないということが，対人関係にも影響を与えていて，今は非常によくない状態にあります。ですからもっと適切な社会的反応ができるよう，手助けする必要があります。特に男性に対してそういう行動が取れるよう，援助する必要があります。

　先ほど，この人はいいように利用さていたのではないかと言いました。誰かに殴られたというような身体的虐待を受けたわけではないと思います。しかし，男の人が彼女を利用するといった虐待は何かしら受けたことがあると思います。たぶん，思春期の始まりの頃，要するに子どもから大人になる青年期の最初の頃に，男性から性的な挑発を受けた，ないしは男性と性的な何らかの関係を持ったことが考えられます。男性からそういう働きかけを受けると，この人はそれを何かプラスのものだと解釈したのだろうと思います。つまり，この男

性は私のことを望んでいる，したがって私はよくなければならない，よい女性，よい子でなければならない，などと考えたのでしょう。これは，非常に短絡的な論理だと思います。こういうことがずっと続いていき，そのうちにそういう関係を維持することができなくなったのだと思います。そのために彼女は大変混乱するようになったと思います。今この人は，自分は被害者だというような見方をしています。しかし最終的には，そういう見方をやめて，他の人，特に男性との間に成熟した関係を結べるようにしていかなければなりません。

　テスト結果をどのように本人にフィードバックするのかという質問もありますが，これはとても難しい問題だと思います。通常私は，クライエントに対してはできるだけ正直であった方がいいという立場を取っています。評価をしたならば，自分がそこから何を読み取ったのかをクライエントに言うべきであると考えています。フィードバックは治療のためのアセスメントの一環になる，フィードバックが一つの入り口になるんだということです。ただ，相手が自己愛の強い人の場合には危険性があります。慎重に，そしてデリケートに扱う必要があります。自己中心性についてはいくらでも話せるのですが，この人の場合，介入の初期の段階でいくつか言えることはあると思います。普通の人よりも，人との関係において受動的であるという点です。もう一つは，自分の感情を必要以上に制御しているという点です。なぜそういうふうになっているかというと，自分は感情を扱うのが得意ではないと思っているからです。それから，早期の治療介入で使えばよいと思われるフィードバック情報は，「あなたを調べたところ，思考がおかしいのではないかと怖がっている，そういうような結果についてはどう思いますか」と話してみることです。そういう指摘をしたときに相手が「いやそんなことはありません」と言うと，「ああ，それじゃあそうではないんだな」と思いがちですが，そんなことはありません。ただ，もちろん相手がそうではないと言った場合，それをフィードバック情報からはずしてもいいと思います。

　それ以外には，マイナス面ばかりではなくて，プラス面のことについても話し合うといいと思います。かなりの資質がある。それから，慣習には随分適合していて，社会的に受け入れられるような人です。人に対する興味もある。情

報を取り込み，それを処理して理解しようと一生懸命頑張っている。これは魅力的でプラスの情報です。これから治療を受けるに当たって，「この治療者は自分のプラス面を評価してくれているんだ」と感じてもらうことが大切だと思います。

　このケースについて私の方からお話をすることは以上です。何か皆さんの方からご質問があれば受け付けたいと思います。

●境界・浸透スコアについて今の段階でわかっていることは何か，という質問に答えて

　フィッシャーとクリーブランドが境界・浸透の概念を身体境界に取り入れたのはミスだったと思います。浸透反応がかなり多く出るような場合は，その人の自己概念は大変脆弱で，外部からの攻撃や侵入に対して弱いだろうと思っています。ある程度の確信を持ってそう考えています。完全なお答えにはなっていませんが，それぐらいしかちょっと言えません。いわゆる脆弱性というものの測定，私はここに問題があると思います。どのようにしたら脆弱性を測れるのか私にはわかりません。実際に，二つか三つくらいの方法で測ろうとしてみたことがありますが，いずれもうまくいきませんでした。

●虐待を受けた，人に利用された可能性があると考えたスコア上の根拠は何か，という質問に答えて

　それは，このケースの中に見て取れるさまざまなる要素を積み上げた結果からだと言えます。まず第一に，Sが6個あって怒りをため込んでいるということ。2番目に，Afrが非常に低いということ，感情を避けているということです。3番目は反応内容です。たとえば性的な反応もありました。そしてこげた紙ですね。最初の反応が「女の人の骨盤」で，その後性的な反応が出てきて，それから確か，パッションやら頭，心臓が出てきた反応がありました。その後に「女の人がバラバラになる」というような反応があって，こげた紙というのが出てきているわけです。もちろんそれ以外にもあるかと思うのですが，こういうような所見をずっと積み上げていくとかなり明らかになるのではないかと

思います。かなりはっきりと投映されているのではないかと思います。Sの数,Afrが低いということ,人間に対して非常に関心があるということ,こういったことを全部見ていくと,虐待を否定するのは難しいと思います。

　それからあともう一つ言いたいのは,こういう変数があれば虐待を受けたことが示される,というようなことはありません。むしろ記録に表れているものを積み上げていくことによって論理的に推論をしていく,そういうことによって,虐待があったことが考えられるわけです。

　ロールシャッハのすべてを見なければいけません。これがあるとこうだというような,そういう決まりきったものはありません。もちろん,ロールシャッハ・テストの中から引き出されてくるもの,自動的に言えてくることはあります。しかし,解釈する者にとっての一つのチャレンジは,それをどう解釈するのかということ,テストの中から出てきたものをどう統合するかということになると思います。その中にはもちろん反応の内容も入ってくるわけですから,ただ単に数だけ計算して,数字がこうなっているからこういう結論だというふうに判断するのはあまりにも単純なやり方であって,決して有効な方法とは言えません。要するに個人をテストするということであり,決して比較のためにテストするということではありません。このテストを実施することによって,その人の固有の特徴をつかまえようとするのが目的です。ノーマティブ・データはその判断の一つの助けになるものであって,それがすべてということではありません。

第III部
治療計画

[解　題]

　最後に，ロールシャッハ・テストをはじめ，種々の心理アセスメントは何を目的として行われるべきかという重要な包括的なテーマについて語っている。わが国の現状と比較しながら読み進むことを勧めたい。周知のように，特に現在の米国は，医療費の削減を目指したマネージド・ケアと呼ばれる，できるだけ短い時間で治療効果が得られるものに保険金を支払おうとするシステムが導入されて久しい。ここでは，エクスナーがこのシステムに対してどのような姿勢を示しているかが明快に述べられている。それは冒頭に列挙された8項目の治療計画を立てるための要素に集約されていると言えよう。これら8項目は，心理査定者と治療者にとって「普遍的」とも言える鉄則のように思えるが，しかし，これらすべてを深く勘案した治療計画は現実には皆無と言ってよいのではないだろうか。それでもエクスナーは，そこにできるだけ近づくべく，テストにあらわれた「個人」を尊重し治療に生かそうとする。治療にとって患者やクライエントの「個性」が重要な要素であると判断されるならロールシャッハ・テストは必須であることをエクスナーは強調する。エクスナーの治療哲学の本質をみる思いのする講演であった。
　なお，この講演は，1999年5月23日第5回包括システムによる日本ロールシャッハ学会大会特別講演（於順天堂大学有山記念講堂）の記録である。

第1章
治療計画におけるロールシャッハの適用

1．アセスメントとは

　患者の治療のためによく練られた手順を開発したいという考えは，精神医学では昔からずっとあたためられてきました。その源は，いわゆる伝統的な精神医学の分野で使われてきたケース検討会にまでさかのぼることができます。歴史的に見ると，当初ケース検討会では，症状と行動を明らかにして病因を見つけることが目的とされていました。ケース検討会の結果得られるのは，典型的には，どのような治療を行うといいのかという判断でした。いろいろな治療法が進化するにつれて，後には，介入モデルの選択のためにより多くの時間が割かれることになりました。

　心理学がケース検討会に貢献するようになったのは1930年代頃からです。それ以前には，パーソナリティという言葉は，しばしば精神病理と同じような形で使われていました。この言葉は，1920年代にパーソナリティ心理学の運動が興味を持たれるようになって，やっと概念化されたものです。同時にパーソナリティ・アセスメントの方法に対する関心が定着し，1930年代の初期には，これが非常に重要なものであると十分認識されるようになりました。すなわち，理論ならびに応用心理学の両面において重要であるということが理解されるようになりました。

　その後，「臨床心理学者」と呼ばれる人たちが日常的に活躍する時代が登場します。そのとき彼らが用いていた方法は，今日ではアセスメントと呼ばれるようになっています。つまり，臨床心理学者がいわゆる適応障害を持つ人のためにアセスメントをするという時代が登場したわけです。その後の20年のうちに，臨床心理学は一つの専門分野として急速に確立され，その専門性を高く

評価されるようになりました。そして患者に関するデータの収集などに関して多大な貢献をするようになったわけですが，診断や治療計画が重要視されるに至って，臨床心理学者は専門家として受け入れられるようになりました。このように認知されるようになったのは，アセスメント，1940年代後半には精神診断学と呼ばれることが多かったのですが，このアセスメントが患者のノモセティック（法則定立的）およびイデオグラフィック（個性記述的）なデータを収集し，統合するための多方法戦略として使われたことによります。

アセスメントの対象は，以前もそして将来にわたっても，個人です。アセスメントにおいては，個人はさまざまな意味で多くの人たちと似てはいるが，しかし多くの意味で異なっている，という認識に立ちます。つまり，一人ひとりの個人とは，ユニークで独特の個性を持っている，という考えを基盤にします。この過程で暗に示されているのは，個人の心理に関する情報とは，たとえばその人の持っている資質の量，マイナス面，特性，中核，葛藤などいろいろなものがありますが，これらを知ることによって，その個人に対する治療の効果を高めることができるという考えです。

2．治療選択のための費用対効果分析（コスト・ベネフィット分析）

アセスメントから得られたさまざまな情報によって，治療前に立てられる計画の幅が広がることになります。それはすべてのケースに応用できるものであり，入院患者であれ外来患者であれ，ほとんどのケースに当てはめられるということが認識されるようになりました。治療前計画を立てる主な目的は，介入アプローチを選択すること，つまりその人の問題を解決できる可能性がもっとも高いアプローチを選択することにあります。しかしその一方で，その患者が受けるであろう心理的負担をできるだけ少なくする，あるいはその他の有形無形ならびに金銭の負担を妥当なレベルにとどめるという目的もあります。実際的には，治療の方法に関して費用対効果の分析をするということです。治療法についての最終的な決定に関連する要因を，費用対効果，費用効率という観点から調べることを主として行います。

これを完全に行おうとした場合，治療計画には少なくとも次の八つの要素が

第1章　治療計画におけるロールシャッハの適用

含まれることになります。
　（1）症状または主訴を提示する。
　（2）個人の心理やパーソナリティを記述する。特にその人の持っている資質とマイナス要因の識別に重点を置くことが必要。
　（3）現在の症状が急性のものなのか，あるいは慢性化しているのかを評価する。
　（4）治療または変化への動機づけの強さを調べる。
　（5）長期および短期の治療目標の優先順位を掲げる。
　（6）治療目標ごとに利用できる治療法について検討する。
　（7）心理的および社会的コストが，患者にとってどれくらい負担になるのか評価する。
　（8）治療選択に関する金銭的負担について分析する。

　治療に関する何らかの意思決定をする前に今述べたような要素を十分検討しなければいけないのですが，ここで指摘しておきたいのは，これらの要素がすべて同じ重みを持っているのではないということです。

　たとえば，ある場合においては，症状や主訴の提示が治療選択肢決定の第一要素となります。症状や主訴が慢性的なものなのか，急性のものなのか，あるいは特異的なものなのか，全般的なものなのかということがたいへん重要になるときがあります。しかし場合によっては，基本的な心理的構造あるいはパーソナリティの方が治療目標を定める上でもっとも大切な要素となることもあります。その人の持っているプラスの資質とマイナスの資質が特に重要な意味を持つ場合があります。また個人の動機づけ，どのくらい意欲があるのかということも十分考えなければなりません。そして治療の短期，長期的な目標も，臨床的な重要性を持ちます。患者さんが治療に対して非常に大きな期待を抱いていることがあります。その場合，その期待が現実的なものであればよいのですが，しばしば過大なものであったり，非現実的なものであることがあります。特にその人の持っているプラスの要因，あるいはマイナスの要因に照らして考えて，その期待は実現不可能だという場合もあります。これらの要因も，一連の治療選択肢を検討する上で非常に重要な意味を持ちます。

第Ⅲ部　治療計画

　それから，治療の結果，患者が体験するかもしれない心理的あるいは社会的コストも非常に重要な意味を持ちます。しかし，これはしばしば見過ごされてしまっています。たとえば，洞察志向の，あるいは再構築型の治療の場合，治療の中で経験する心理的混乱は，支持的または指示的介入に比べてはるかに大きいことがあります。場合によっては，このような混乱がその人の動機づけに影響し，結局，治療が中断してしまうということも起こり得ます。また，治療の中である程度の情緒的体験を迫られると，それによって患者が心理的に混乱してしまい，心の準備をしていなかった，あるいは望みもしなかった混沌状態に陥ってしまう場合があります。同様に，患者が環境と関わり合う方法に何らかの変化が起こってくる場合もあります。その変化が，予期せぬ対人関係の変化を起こしてしまい，患者が考えてもいなかったような，あるいは治療の開始時に患者が望んでいなかったような変化を起こしてしまう場合があります。たとえば，1980年代半ばに発表された研究によると，既婚者がいわゆる精神力動的治療あるいは長期的精神分析治療を受けると，3年で離婚をすることがわかりました。果たしてその離婚は治療の結果起こったものなのか，あるいは治療を受けなくてもいずれ離婚することになったのかはまったくわかりませんが，問題になるのは，治療を開始するときに，この人たちはこういう事態を予想していたのかということです。

　患者さんがどのような種類の治療を利用することができるのかということも，費用対効果の手続きにおいて，非常に重要な意味を持っています。治療のタイプは，治療目標の観点からのみではなく，心理的な長所と短所，動機づけ，心理的・社会的コスト，そして治療を実施するに当たって必要となる金銭的負担の点からも検討されなければなりません。

　ロールシャッハ・テストの所見は費用対効果に基づいた治療計画を立てる際の一助となると言えますが，その説明をする前にまず強調しておかなければならないことがあります。それは，費用対効果の考え方は，これまで一度も一貫した形で完璧には，あるいは現実的な形では，精神医学でも心理学でも応用されてこなかったということです。私は個人的には，これはわれわれの学会における，あるいは学問における非常に大きな悲劇であると思っています。今から

第1章　治療計画におけるロールシャッハの適用

　20年程前には，治療決定のための共通のアプローチとして，「包括的精神医療」が強調されていました。このアプローチの基本となる考えは，「最大の」目標を達成するために，治療計画には必要なものすべてを含めるべきだということです。しかし実際にはこれは，使えるものなら何でも使ってしまおうというふうに操作的に翻訳されてしまいました。

　このアプローチを批判する人たちは，反証としてすぐに多くのケースを挙げることができました。つまり，使えるものは何でもかんでも使った，しかしそれは適切ではなかった，というケースを挙げるのに困らなかったということです。また，使えるものは何でも使った結果，過剰な治療をしてしまったものもあるわけです。つまり治療の結果を適用性あるいは経済的な効率という点から評価すると，どう見ても過剰治療であるというケースが多く出てきました。こうした治療計画にも，その人の持っているプラスの資質とマイナスの資質，動機づけ，心理学的なコストといったアセスメント所見はだいたい含まれていました。アセスメントの所見は含まれているのですが，たいがい無視されていたわけです。何が優先されたかというと，利用可能な治療アプローチを最大限に利用するということでした。別の言葉で言えば，どれだけたくさんの種類の介入が使えるのかということの方が，治療の効率や，適切さ，費用対効果よりも大事だと考えられたのです。

　25年前であれば，長期的な個人またはグループの精神療法，短期的な作業療法，中期的なレクリエーション療法など，さまざまなものが使われていたわけですが，それを実施する前に本当にこれが重要なのか，あるいは適切であるのかということはあまり考えられていなかったと思います。その一方，この10年くらいの間に，もっと単純化された治療計画が登場するようになりました。介入戦略を決めるときに，もっと単純化した方がいいのではないかという意見が重要視されるようになってきたわけです。これは1960～1970年代に治療決定を行うときに使われていた，いわゆる包括的な医療ケアの哲学とは180度ほども違う転換であったと言えましょう。この新しい費用対効果を考えたやり方の鍵となる要素は，時間および金銭に関するもので，治療計画に入れるのは，前述の8要素中三つだけでした。すなわち症状，利用できる治療法，金銭

的負担です。

　端的に言えば，これは治療選択に関する古典的医療モデルです。つまり，主として治療の無駄を省くこと，そして症状を緩和するような介入アプローチを選ぶことが目的となったものです。この費用対効果アプローチの基本的哲学は非常に単純なものです。すなわち，適切な精神医療をできるだけ安く提供するというもので，これは普通，論理的には反論できない哲学です。ただし，このアプローチを評価する際には，「十分な治療」かどうかということに重点を置かなくてはいけません。

3．心理学における一般性と個性

　なぜこのような単純なアプローチが生まれてきたのかというと，一つには精神医療の費用がどんどん上昇していることへの懸念があったからです。精神医療の面接料を捻出しなければいけないものの責任が，非常に重くなってしまったということです。だから論理の帰結として，できるだけ安い治療を選択しようということになりました。しかし，このように単純化された費用対効果のアプローチが台頭してきたのは，金銭的な理由からだけではありません。人格あるいは個人の差異をかなり軽視するような風潮を助長した一連の精神医学あるいは心理学者のグループがいたのです。これは歴史的に見て驚くに値することではありません。心理学や精神医学では，できるだけ科学的であろうとして，個人差をほとんど斟酌しないでおく傾向があったからです。

　特に心理学の分野では，この学問分野ができあがった頃から，個人差というのは悩みの種でした。19世紀の頃は，科学的な法則で行動を説明したいと考える人にとっては特に，個人差はいつも悩みの種になっていました。その結果，ウィルヘルム・ヴント（Wilhelm Wundt）が，非常に有名な言葉を残すことになりました。今では人の口にのぼらなくなりましたが，その言葉とは，「どのような心理学的法則にも，それに合うケースがあるのと同数の例外がある」というものです。

　実際，歴史上のある時点で，心理学は二つの分野に分けるのが妥当だろうという考えがありました。一つは人間の一般性に関する研究に焦点を当てるもの，

第1章　治療計画におけるロールシャッハの適用

　もう一つはもっぱら個人差に関する研究を主眼としたものです。しかしこの考えは，あまりにも急進的過ぎると考えられ，より広い折衷的な立場が生まれるに至りました。ジェームス・キャッテル（James Mckeen Cattel, 1892）は，「個性の研究は，人々に共通する一般性を知ろうとする枠組みから生まれるべきであるが，それは人々を個人として理解するのに役立つようなものでなければならない」という言葉を残しています。

　個人差の問題を最小に扱おうとするような現在の風潮は，この20年間にどんどん強まってきました。それには主に四つの原因があると思います。心理学の分野では，1970年代に，個人の特質を軽視する傾向が生まれました。これは急進的な行動主義者が現れた頃です。個人の特徴というのはブラックボックスだとの主張がなされました。つまり，パーソナリティというようなものはないのだ，仮にあるとしてもそれは心理検査では測れないのだ，というわけです。そういう主張から新しい心理学者のグループが生まれていきました。パーソナリティ・アセスメントを避けるだけではなく，反対運動を展開するようなグループです。そして，観察し，重要な事柄を数え上げることによって人々を理解し，介入目標を見極める，という風潮が生まれていきました。これは完全に個人差を無視するやり方というわけではありませんが，かなり皮相的な方法で個人差を研究しようとするものです。

　精神医学の分野においても，やはり個性を無視する傾向が進んでいきました。精神医学の生物学的な根拠が強調されるにつれてその傾向が増していきました。伝統的な精神治療モデルよりも，薬理学的な介入の方が適切であると考えられるようになったわけです。薬物療法が補助療法として使われている場合でも，これは治療時間を大幅に減らす効果があるのだと主張されました。

　個性を無視する傾向に拍車をかける役割を果たしたのが，DSM-Ⅲ（1980）とそれに続く改訂版の発表でした。DSMにはさまざまな症状や行動のチェックリストが含まれていて，これによって診断分類を行います。基本的にDSMは，会計係が使うマニュアルのようなものです。中国語で書かれているメニューみたいなものです。中華料理店に行くと，A列から一品選べ，B列から一品選べと書いてありますね。そういうものだということです。ところが，たいへ

第Ⅲ部　治療計画

ん興味深いことに，このDSM-Ⅲおよびその改訂版を作った人たちは，慎重にも，診断分類と治療の間の直接的関係を認めていません。どういうことを言っているか引用します。「同じ精神障害を持つ個人は，すべての重要な点で似ている。しかし他の重要な点では異なっており，臨床上の管理および結果に，この異なっている部分が影響を与える可能性がある」。加えて，「治療計画を立てる上では，診断のために必要とされる以上の情報が必要であろう」と述べています。個人に関する情報が必要であり，かつそれを評価することが必要であると書いているのです。

にもかかわらず，このDSM-Ⅲで述べられている警告は無視されがちで，多くの実務家は，精神医学でも心理学でも，間違った論理に基づいて費用対効果の処方箋を切ることに汲々としてきました。すなわち患者の何が悪いのかがわかれば症状を特定でき，それさえわかれば症状を治療する方法はすでに用意されているのだと言ってきました。このような間違った論理にしたがえば，費用対効果を考えたより広い治療前アプローチ，つまり個性の違いに焦点をおいたアプローチは不要ということになります。時間を取るし，費用効率もよくないし，すでに治療計画は明らかになっているのだから付け加えるものは何もないというわけです。

この立場は，この20年間にますます強くなってきています。その背景には，薬理学的精神療法の流行があったと思います。たとえば，境界性人格障害，うつ病，強迫性障害，パニック障害，多重人格，不安反応，PTSDなどの問題が浮上するたびに，それぞれに合わせたたくさんの特殊な治療が生まれてきました。それぞれの治療法は，その障害に対する最良の治療であるという考えをもとに生まれてきたわけです。そして，治療計画と効果の評価の問題は，厳しい経済的制限の中で扱われなければならないと言われるようになりました。もちろん，症状をみれば適切な治療戦術が見つかるという前提は，あるケースにおいては有効かもしれません。しかし，不適切な治療選択を招いてしまう危険性は常にあるわけです。個人の差異をまったく無視してしまっているからです。症状が似ていても原因となる心理的な状況がまったく違うということもあるのに，それを無視してしまっています。このように単純化された費用対効果分析

の欠点は，即時に症状を軽減させる，あるいは即時に症状をコントロールすることを優先させていることです。一方でそれは，治療の長期的効果を無視している，あるいは非常に軽視していることではないかと思います。これはまったく間違った論理だと思います。人間にはそれぞれ個性があり，一人ひとり異なっているのに，それを無視している。そして，パーソナリティ，精神病理学，治療効果に関して行われているさまざまな研究を無視しています。

たとえば，抑うつの症状に対する治療が行われ，短期的な認知行動療法的介入モデルが使われ，かなり短い期間に治療効果があったというたくさんの報告があるわけですが，残念ながらこういう研究のほとんどにはフォローアップ・データがないのです。うつ病に関する追跡研究によれば，かなりの率で治療が失敗に終わってしまっています。あるいは，12カ月から24カ月くらい経つと再発してしまっているという報告も随分見られます。

ロールシャッハを必ず含めなければならないということではないのですが，信頼できる治療計画を立てるためには，とにかく何らかのアセスメントは必須のものだと，私は考えています。特に個性が重要だと考えられる場合には，アセスメントの中にロールシャッハを入れるべきだと思われることが多くあります。ロールシャッハを行えば，その個人の，たとえば対処スタイル，ストレス耐性，思考，感情，自己知覚，情報処理などについていろいろな特徴を検知できるわけで，そこからその人の個人像が浮かび上がってきます。腕のいい検査者がいれば，簡単に理解することができます。ロールシャッハの結果は，簡単にまた効率よく使うことができます。理論的にも経験的にも応用することができ，現実的な費用対効果を考慮した介入計画を見出す上で役に立つと思います。

4．費用対効果分析の事例

費用対効果分析の重要性に関して，非常にはっきりした例を挙げれば皆さんに納得いただけるのではないかと思い，二つのケースを持ってきました。これらのケースから，個性を見るということがどれだけ大事であるかがおわかりいただけると思います。つまり，症状が同じで，非常に単純だと思われる場合で

第Ⅲ部　治療計画

も，背景はまったく違うということがあり得るわけです。対象となっているのは2人の女性で，1人は29歳，もう1人は32歳です。2人とも同じグループ・セラピーを受けていて，2人とも，非常に頻繁に不安発作に襲われる，たまにパニック発作にも襲われる，ときどき理由もないのに悲しみに襲われる，と言っていました。

ケース1ですが，この人は結婚生活4年目で離婚することになりました。現在は会計事務所で秘書として働いています。この人の元夫は航空機の整備士で，子どもはいません。本人は秘書養成学校で2年間の専門教育を受け，21歳で現在の仕事に就きました。昇進は1回したのですが，まだ係長にもなれないことにがっかりしていると言っていました。本人の話によると，だいたい結婚1年後くらいから2人の関係はおかしくなり始めたということです。主な理由は，彼女が外で仕事に情熱を燃やすことが夫には気に入らなかったということのようです。また，夫はスポーツにたいへん関心があるのに彼女がまったくスポーツをしなかったということも原因かもしれないと言っていました。この女性は魅力的で身だしなみがよいとのことです。この2人は離婚に同意して，今ちょうどその手続きをしているところのようです。

次にケース2ですが，この人は独身です。短大で経営学を専攻し，その後，仕事に就きました。現在は，大企業の営業部で出張計画を立てる係をしています。仕事は面白いけれど，ときどき忙し過ぎると感じるそうです。営業部の規模が拡大されたために，現在は23人分の出張計画を一手に引き受けているということでした。自分には何人か親友がいると言っています。そして1週間に1回くらいデートをするとのことです。初めての性体験は19歳のときで，それ以後はときどき性関係を持っていると言っています。また，性病と妊娠の可能性が怖いのでセックスには気を付けている，と言っていました。外見はほどほどに魅力的であり，身なりは地味とのことです。

ケース1は心理学のインターンによって，ケース2は博士課程を修了した研究員によって検査が行われています。おそらく検査者の訓練プログラムの一環として行われたものだと思います。それぞれの検査手続きの中には文章完成法，MMPI，ロールシャッハ・テストが含まれていました。しかし，アセスメント

第1章 治療計画におけるロールシャッハの適用

の所見は治療計画の決定には使われませんでした。というのは，その報告書が間に合わなかったためと思われます。私はこのことに正当な理由付けはできないと思います。つまり言い訳はできないということです。こういう報告書は絶対に先に入手すべきであったと思います。今日検査をするのであれば，明日にはもう報告書ができていなくてはいけないと，私は思います。それぐらい早く仕事ができないのであれば，他の仕事を見つけた方がよいと思います。治療の決定の際に使われたアプローチは，より単純化された，費用対効果分析を第一に考えたものです。この方法では，現在の症状が何よりも大事な要素と考えられました。この2人の患者さんは，よく似た介入モデルによって治療されました。抗不安薬の投与であるとか，毎週治療者のもとに通うというようなものです。この治療者の治療戦術ですが，本質的には支持的な性質のもので，ストレス管理の技能を伸ばすことも入っていました。

　ここで一つ問題になるのは，もっときちんとした形の費用対効果を考えたアプローチを取っていれば，つまりアセスメント所見を考慮に入れていたとしたら，異なった介入になったかどうかということです。第二の疑問は，仮に治療法を決定するときに報告書が間に合わなくても，治療を開始した後でアセスメント所見が伝えられていたら，それを見て治療が変更される可能性があったのかということです。

　MMPI-2の基本尺度のプロフィールを見ると（図1），ケース1は4-6-9が高い値になっています。これは，未熟で，自己耽溺傾向があり，受け身的な依存傾向があることを表しています。また，この人の結果には，不安や家族問題といった内容に関する尺度におけるTスコアの上昇も見られます。ケース2では，プロフィールは7-0-2となっていますが，不安で，神経質で，くよくよするし，外部の脅威に対して非常に脆弱であるということが表れています。他にも彼女には，低い自己評価，不安，社会的な不快といった内容に関する尺度でTスコアの上昇が見られます。おそらくこれを見ただけでも，この2人に同じような治療法を使っていいのだろうかと，誰でも，どんなに鈍い人でも疑問を感じると思います。ロールシャッハの結果を見ても，治療法が同じものであってはいけないという立場は絶対に支持されるはずです。

第Ⅲ部　治療計画

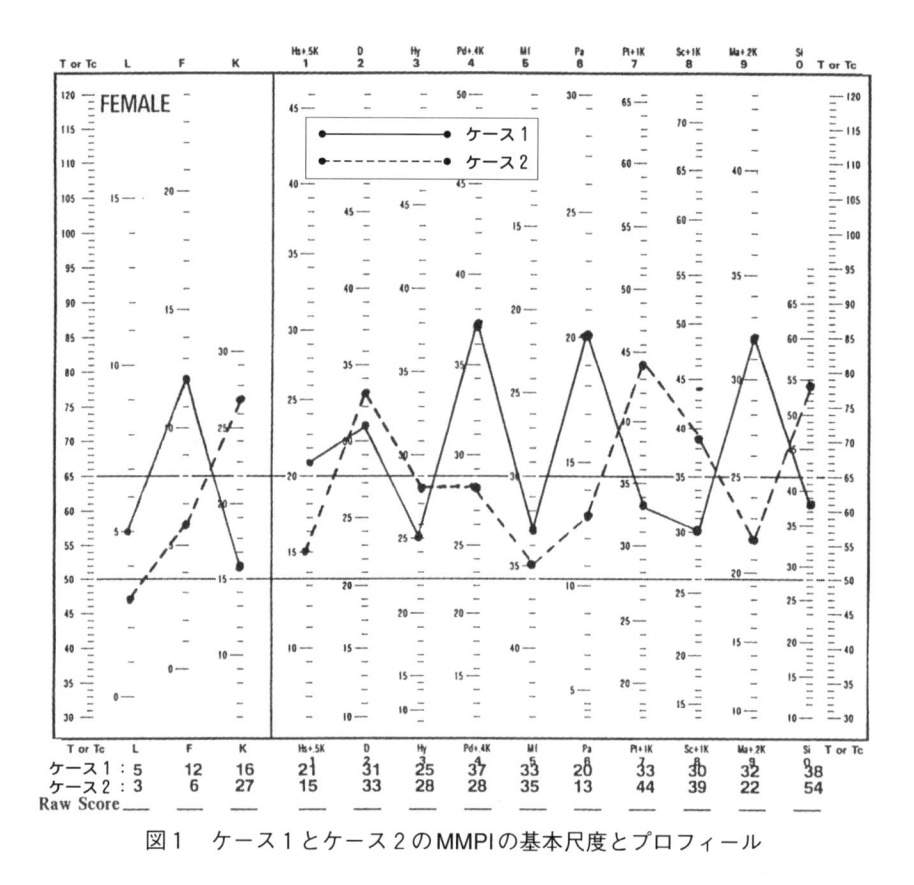

図1　ケース1とケース2のMMPIの基本尺度とプロフィール

　まずケース1の構造一覧表から見ていきます（表1）。一見しただけで，かなり資質のある人だということがわかります。EAが11あります。それからAdj Dが0。統制力やストレス耐性はほとんどの成人と変わらないことがわかります。しかしDがAdj Dよりも小さいので，これらの特徴は，現在，状況関連ストレスのために弱められていると思います。たぶん結婚生活の破綻と関係しているのではないかと思います。このストレスは今のところ極端に混乱させる要因にはなっていませんが，明らかに心理学的に過剰負荷の状態になっています。Dスコアがマイナスになると衝動性の可能性が出てきます。この人は外拡型なので，もし衝動性が生じるとしたらそれは感情表現の面で表れてくるで

第 1 章　治療計画におけるロールシャッハの適用

表 1　構造一覧表（ケース 1 ）

Location Features		Determinants		Contents		S-Constellation	
Zf	= 11	Blends	Single	H	= 1, 0	☐	FV+VF+V+FD > 2
ZSum	= 37.5			(H)	= 2, 0	☑	Col-Shd Blends > 0
ZEst	= 34.5	FM.FC.FC′	M = 1	Hd	= 1, 0	☑	Ego < .31 or > .44
		m.CF.FD	FM = 2	(Hd)	= 0, 0	☐	MOR > 3
W	= 7	M.Fr	m = 1	Hx	= 0, 0	☐	Zd > ±3.5
(Wv	= 2)	FC.M	FC = 1	A	= 9, 0	☑	es > EA
D	= 13	FM.Fr	CF = 1	(A)	= 1, 0	☑	CF+C > FC
Dd	= 5	FC.FY	C = 1	Ad	= 3, 0	☑	X+% < .70
S	= 2	m.CF	Cn = 0	(Ad)	= 0, 0	☐	S > 3
		C.T	FC′ = 2	An	= 0, 0	☐	P < 3 or > 8
DQ			C′F = 0	Art	= 3, 0	☑	Pure H < 2
	(FQ−)		C′ = 0	Ay	= 0, 0	☐	R < 17
+	= 5　(0)		FT = 2	Bl	= 0, 0	6	Total
o	= 15　(1)		TF = 0	Bt	= 0, 0		**Special Scorings**
v/+	= 2　(1)		T = 0	Cg	= 1, 2		Lvl-1　Lvl-2
v	= 3　(0)		FV = 0	Cl	= 0, 0	DV	= 1 x1　0 x2
			VF = 0	Ex	= 0, 0	INC	= 0 x2　0 x4
Form Quality			V = 0	Fd	= 2, 1	DR	= 0 x3　0 x6
	FQx　FQf　MQual　SQx		FY = 1	Fi	= 1, 1	FAB	= 0 x4　0 x7
+	= 0　　0　　0　　0		YF = 0	Ge	= 0, 0	ALOG	= 0 x5
o	= 16　3　　3　　1		Y = 0	Hh	= 1, 1	CON	= 0 x7
u	= 5　　2　　0　　1		Fr = 0	Ls	= 0, 1	**Raw Sum6**	= 1
−	= 2　　0　　0　　0		rF = 0	Na	= 0, 1	**Wgtd Sum6**	= 1
none	= 2　　−　　0　　0		FD = 0	Sc	= 0, 0	AB = 1	CP = 0
			F = 5	Sx	= 0, 0	AG = 0	MOR = 1
				Xy	= 0, 0	CFB = 0	PER = 4
			(2) = 10	Idio	= 0, 2	COP = 1	PSV = 0

RATIOS, PERCENTAGES, AND DERIVATIONS

R = 25	L = 0.25	FC : CF+C	= 4 : 5	COP = 1　AG = 0	
EB = 3 : 8.0　EA = 11.0　EBPer = 2.7		Pure C	= 2	Food	= 3
eb = 7 : 8　　es = 15　　D = −1		SumC′ : WSumC	= 3 : 8.0	Isolate/R	= 0.12
Adj es = 12　Adj D = 0		Afr	= 0.56	H : (H)+Hd+(Hd)	= 1 : 3
		S	= 2	(H)+(Hd) : (A)+(Ad)	= 2 : 1
FM = 4　C′ = 3　T = 3		Blends : R	= 8 : 25	H+A : Hd+Ad	= 13 : 4
m = 3　V = 0　Y = 2		CP	= 0		
a : p	= 4 : 6　Sum6 = 1	P	= 7	Zf	= 11	3r+(2)/R	= 0.64
Ma : Mp	= 0 : 3　Lvl-2 = 0	X+%	= 0.64	Zd	= +3.0	Fr+rF	= 2
2AB+(Art+Ay) = 5　WSum6 = 1		F+%	= 0.60	W : D : Dd	= 7 : 13 : 5	FD	= 1
M−	= 0　M none = 0	X−%	= 0.08	W : M	= 7 : 3	An+Xy	= 0
		S−%	= 0.00	DQ+	= 5	MOR	= 1
		Xu%	= 0.20	DQv	= 3		

SCZI = 0	DEPI = 4	CDI = 3	S-CON = 6	HVI = No	OBS = No

注）講演当時使われていた旧バージョンの構造一覧表

しょう。濃淡材質反応（T）が3個ありますので、このストレスは、少なくとも感情的な喪失感の経験に関係していると思われます。寂しさとか無視されているという気持ちとして表れています。その結果、彼女の心理的な働きの多くが平素よりも複雑なものになっていること、自分の気持ちについて長い間混乱していることが、今回の悪化につながったと思われます。構造一覧表の上の方を見ると、八つのブレンド反応が含まれていて、その中には三つの色彩濃淡ブレンドがあり、うち二つが状況関連変数によって作られるブレンド（FC.FY,m.CF）です。

　この人は固定した外拡型なので、この混乱はなおのこと大きな影響をもたらしています。というのは、この人は感情的な人だからです。感情にすぐ左右されてしまう。日々求められることに対処する上で、あるいは意思決定をする上で、すぐ感情に左右される人だからです。意思決定をするまでにいろいろ試行錯誤します。そして自分の感情を表現するのをためらいません。実際、まったくストレスがないような状況においても、おそらくこの人は非常に感情的な人だという印象を与えると思います。あるいは衝動的だとか興奮しやすい人物だと受けとめられることがあるのではないかと思います。FC：CF+C＝4：5で、純粋色彩反応も2個ありました。また、SumC'：WSumC＝3：8.0となっています。

　思考のクラスターを見ると、思考は非常に明晰であることがわかります。しかし現在のストレス状況が集中力を奪っているとも言えるわけで、$D=-1$となっています。$W=7$, $D=13$, $Dd=5$となっていますから、新しい情報を処理するときにはおおむね適切な努力をしていると言えましょう。ただ、DQv反応が3個ありますから、たぶん一般成人ほどには情報処理は洗練されていないと思います。しかし新しい刺激を現実的に翻訳するという点においては、あまり問題がないと考えられます。X+％＝0.64, Xu％＝0.20, X-％＝0.08となっています。実際にはその場で期待されることがはっきりしている場合、あるいはふさわしい行動が推定できる場合には、きわめて慣習的な反応をします。平凡反応は7個ありました。

　彼女のパーソナリティには大きな特徴が他に二つあります。これが直接、彼

女の適応行動の効果に影響を与えているわけで、特にストレス下に置かれるとこれが非常にマイナスに働きます。まずこの人はきわめて自己中心的な人物で、自分の値打ちをかなり過大評価しています。反射反応が2個ありますし、自己中心性指標も0.64あります。このように、とにかく他の人より自分に対して目が向いてしまう傾向があるために、対人関係はおそらく希薄で未熟なものだろうと思われます。たとえば、実際に最近あったような感情的な喪失感や拒絶というようなものを経験すると、それらは自分の価値に対する侮辱だという受けとめ方をして、たいへん大きなマイナスの影響となってしまいます。ところが不幸なことに、彼女の自己概念は、多分に想像の産物で、現実的な経験に基づいていません。テストによると、4個の人間反応のうち純粋な人間反応は1個しかありません。それにもかかわらず、彼女にとっては、水増ししたというか、いささか誇張した自己を守ることがとても重要であって、何かマイナスの事柄が起こってくるとその責任を外部に転嫁する傾向があります。ないしは不快な経験を回避しようとしたり、否認しようとしたりします。また不快な感情が生じたり、自分の望まないような感情に襲われた場合には、普通の人よりもそれを知性化する傾向があります。

　第二に、食物反応が3個あり、a：p＝4：6となっていますので、この人は非常に受動的かつ依存的な傾向の強い人と言えます。つまり他者との間に、支持的で、かつまた自分を慈しんでくれるような関係を求める傾向があります。こういうことから、他の人に操作されやすいという可能性が高まってきます。この人が自分でそれに気付いている可能性はあるわけなのですが、Afrを見てみると0.56と非常に低いので、気付いた上で、対人関係においては深い感情的なやり取りは避けようとしているのかもしれません。この人は固定された外拡型ですから、場合によってはAfrが0.80までいくことがあってもおかしくないのですが、非常に低い0.56にとどまっています。また、パーソナルな反応（PER）が四つくらいあったと思います。要するに恐ろしい状況だとか不快な状況から自分を守る、自分をコントロールするということです。権威的なアプローチを取ることで、自らを守ろうとしています。COPが1個あって、人間反応が4個あるので、社会との交流にはオープンであるように見えますが、実際には他

人との交流に関してはかなり慎重で，どちらかというと乗り気ではないと考えられます。方策が必要だとか洗練された対応が必要な場合には，特に交流を避けようとすると思います。おそらく，何か自分の望まないような要求を突きつけてくるような関係，あるいは自分がせっかくコントロールしている状況を脅かすような関係に対しては，自己防衛的に行動するでしょう。たとえば，現在のようなストレス下に置かれると，自ら無力な状態に逃げ込もうとします。つまり他人に依存して意思決定をしてもらおうとする傾向が強くなります。現在のように誰かに頼って意思決定をしてもらおうと思っても，なかなか叶わないという状況に至ると，非常に混乱してしまい，大変激しい感情を持つようになる。そしてそれが日々の行動にとって破壊的な影響を持つことになります。実際，ヒステリーを起こしているような人物と似ているところがあるわけで，今はもう必死にあがいているというところではないでしょうか。とにかくすごく苦労をしている。ときに非常に激しい感情に襲われているという状態です。

　まとめると，第一に，この人は非常によいプラスの資質を持っていると言えます。第二に，非常に明晰な思考をしています。第三に，新しい情報の処理については，ときには若干力の出し惜しみをすることがあるものの，妥当な努力をしています。第四に，適切な現実吟味をしています。このようにプラスの資質があることから，さまざまな治療モデルあるいは治療目標を選択できる有利さはあります。しかし一方ではマイナスの資質も持っているわけで，この辺りが治療モデルの選択あるいは目標の選考に当たっては少し障害になるかもしれません。第一に，非常に自己中心的な人物であるということ。自分の価値を過剰に評価しているということ。ということは，どのような治療モデルを使っても，それが彼女の人格の統合性を脅かす，あるいは大きな変革を強いるというような意味合いを持つものであれば，治療が中断されてしまう可能性があります。こういったタイプの人は，治療を始めるときに，自分が変わろうと思うよりは環境を問題にします。環境をよくしようとして治療を始めることが多いのです。第二に，この人は他の人と対応する際に，非常に受動的かつ依存的になりやすいことです。このような性格の人は，治療が始まったときに，治療者が早期に十分支持的な態度を取らない限り，洞察的あるいは認知的な治療に対し

第1章 治療計画におけるロールシャッハの適用

てはあまりよく反応しません。第三に，この人は簡単に自分の心を開いて他の人と感情を共有するタイプの人間ではありません。不快な感情が起こってくると，しばしばそれを知性化してしまいます。しかし感情を表すときには，非常に興奮しやすく，爆発的な形で表出してしまう傾向があります。望ましい形で，コントロールされたようなレベルで感情を表現することができないという特徴を持っています。

　この人には，このようにプラスとマイナスの資質が混在しています。主訴から考えれば，つまり現在，非常に寂しく感じていたり，拒絶されていると感じていることを考えれば，短期の支持的な治療が必要と思われます。長期的介入よりも支持的短期介入ということなのですが，この支持的治療の中にはストレスを自分で上手にコントロールする方略を身に付けることも含まれるでしょう。離婚に直面しているという状況にあって，それは大きな利益になるのではないかと思います。このような介入ならば，彼女に強いる心理的なコストはかなり少ないものになるし，資質面を考えれば成功する確率も高いだろうと思います。彼女の受動的で依存的な傾向，また非常に自己中心的であることは，支持的な治療戦略を計画するに当たって重要な意味を持つと思います。特に自己中心性は重要です。というのは，それがあるために治療が中断する可能性がある。つまり，治療によって自分の持っている人格の完全なまとまりが侵されるのではないかと感じると，治療を中断してしまう可能性があります。ケース検討会では，この人物はあまりにも自己愛が強い，受け身的である，感情的である，あるいは知性化し過ぎるというようなことを出し合い，ちょっと変えた方がいいのではないかという意見が出ることもあろうかと思います。しかし，もともとこの人が治療に訪れた主訴というのは，自己中心的であるとか，受動的であるとか，そういうことではないわけです。不安だとかパニック発作を起こしてしまうだとか，あくまでもそういったことが主訴として表れているわけです。もしこういう人に長期的な介入をするとしたら，心理的なコストがあまりにも大き過ぎて耐え切れないのではないかと思います。ですからこの人の場合には，できるだけ症状に注目した計画を立てるべきです。できるだけ短期のうちに症状が解消されるような，たとえばこの人の場合には不安とか，ときどき

163

発作的な悲しみに襲われるということですから，それに焦点を合わせたような短期的な取り組みがよいと思います。

それでは，症状はよく似ていますが，ケース2の場合には一体どうなるのでしょう（表2）。まずこの人はハイラムダという対処スタイルを持っています。この人は，とにかく複雑なことを避けようとし，何事も単純化して自分が対処しやすいように受けとめる傾向を持っています。このような性格は，自分が世の中とうまく関われないという不安を持っていたり，世間から疎外されていると感じている人たちに共通に見られるものです。このような対処の傾向は，必ずしも悪い影響を及ぼすわけではありませんが，その人自身が自分の能力を開発しようとしたときにその範囲を制限してしまう可能性があります。

情報処理のデータを見ると，新しい情報を処理する際には非常に手堅く，控えめです。たとえば，Zfは8，DQ+は5個しかありません。W：M＝4：5です。それでも新しい刺激を翻訳するときには，かなり現実的であるように思えます。X+％＝0.67，Xu％＝0.17，X-％＝0.17となっています。また平凡反応が8個あります。ということは，状況から，これが慣習的なものであるとか社会的に期待されている行動だとはっきりわかる場合には，慣習的に反応することが考えられます。EBを見ると，内向型にしっかり固定されていて，あまり柔軟ではないことがわかります。感情を脇に置いて行動を始める，あるいは決断するまでじっくり考える傾向を持っています。このような特徴の思考スタイルは成人であれば珍しいことではないのですが，この人の場合には，あまりためになっていません。というのは，あまりにも思考に力を入れ過ぎて，空想をしてしまっているからです。Ma：Mp＝0：5となっています。空想をすることによって現実のストレスを回避しようとしているのです。思考はたいていの場合には明晰であると考えられます。特殊スコア（Sum6＝0）を見てもそうです。しかし，ときに空想の中に逃げ込んで現実を無視ないしは歪めてしまう傾向が顕著に認められます（M-＝2）。

心理学的な機能は，感情表現を制限しようという傾向によってますます弱くなっています。この記録に表れてきた色彩反応は1個だけです。明らかに彼女は感情的な場面を避けようとしています。Afrは0.38です。こういったタイプ

第1章 治療計画におけるロールシャッハの適用

表2 構造一覧表（ケース2）

Location Features		Determinants			Contents		S-Constellation		
Zf	= 8	Blends	Single		H	= 2, 0	☐	FV+VF+V+FD > 2	
ZSum	= 24.5				(H)	= 2, 0	☐	Col-Shd Blends > 0	
ZEst	= 24.0	M.FD	M	= 4	Hd	= 3, 0	☑	Ego < .31 or > .44	
		FM.FC′	FM	= 0	(Hd)	= 1, 0	☐	MOR > 3	
W	= 4		m	= 0	Hx	= 0, 0	☐	Zd > ±3.5	
(Wv	= 0)		FC	= 0	A	= 5, 0	☐	es > EA	
D	= 10		CF	= 1	(A)	= 1, 0	☑	CF+C > FC	
Dd	= 4		C	= 0	Ad	= 3, 0	☑	X+% < .70	
S	= 0		Cn	= 0	(Ad)	= 0, 0	☐	S > 3	
			FC′	= 0	An	= 0, 1	☐	P < 3 or >8	
DQ			C′F	= 0	Art	= 1, 0	☐	Pure H < 2	
	(FQ–)		C′	= 0	Ay	= 0, 0	☐	R < 17	
+ = 5	(2)		FT	= 1	Bl	= 0, 0	3	Total	
o = 13	(1)		TF	= 0	Bt	= 0, 1	Special Scorings		
v/+ = 0	(0)		T	= 0	Cg	= 0, 2		Lvl-1	Lvl-2
v = 0	(0)		FV	= 0	Cl	= 0, 0	DV	= 0 x1	0 x2
			VF	= 0	Ex	= 0, 0	INC	= 0 x2	0 x4
Form Quality			V	= 0	Fd	= 0, 0	DR	= 0 x3	0 x6
	FQx FQf MQual SQx		FY	= 1	Fi	= 0, 0	FAB	= 0 x4	0 x7
+ = 0 0 0 0			YF	= 0	Ge	= 0, 0	ALOG	= 0 x5	
o = 12 8 3 0			Y	= 0	Hh	= 0, 2	CON	= 0 x7	
u = 3 1 0 0			Fr	= 0	Ls	= 0, 0	Raw Sum6	= 0	
– = 3 0 2 0			rF	= 0	Na	= 0, 0	Wgtd Sum6	= 0	
none = 0 – 0 0			FD	= 0	Sc	= 0, 0	AB = 0	CP	= 0
			F	= 9	Sx	= 0, 0	AG = 0	MOR	= 0
					Xy	= 0, 0	CFB = 0	PER	= 0
			(2)	= 5	Idio	= 0, 0	COP = 0	PSV	= 0

RATIOS, PERCENTAGES, AND DERIVATIONS

R = 18		L = 1.00		FC : CF+C	= 0 : 1	COP = 0	AG = 0	
EB = 5 : 1.0	EA = 6.0	EBPer = 5.0		Pure C	= 0	Food	= 0	
eb = 1 : 3	es = 4	D = 0		SumC′ : WSumC	= 1 : 1.0	Isolate/R	= 0.06	
	Adj es = 4	Adj D = 0		Afr	= 0.38	H : (H)+Hd+(Hd)	= 2 : 6	
				S	= 0	(H)+(Hd) : (A)+(Ad)	= 3 : 1	
FM = 1	C′ = 1	T = 1		Blends : R	= 2 : 18	H+A+Hd+Ad	= 10 : 7	
m = 0	V = 0	Y = 1		CP	= 0			
a : p	= 1 : 5	Sum6 = 0	P	= 8	Zf = 8	3r+(2)/R	= 0.28	
Ma : Mp	= 0 : 5	Lvl-2 = 0	X+%	= 0.67	Zd = +0.5	Fr+rF	= 0	
2AB+(Art+Ay)	= 1	WSum6 = 0	F+%	= 0.89	W : D : Dd = 4 : 10 : 4	FD	= 1	
M–	= 2	M none = 0	X–%	= 0.17	W : M = 4 : 5	An+Xy	= 1	
			S–%	= 0.00	DQ+ = 5	MOR	= 0	
			Xu%	= 0.17	DQv = 0			

SCZI = 2   DEPI = 4   CDI = 3   S-CON = 3   HVI = No   OBS = No

注）講演当時使われていた旧バージョンの構造一覧表

の人は感情を動かされると安心できません。だから他の人との近しい関係を避けようとします。そうすることによって，自分の感情を直接扱わなければいけないという困惑させられる状態を避けようとしています。

統制力ですが，Dが0なので，現在のところはまあまあ適切なレベルにあると思います。しかし何かストレスのある状況に置かれると非常に脆弱であると考えられます。というのは，EA＝6という低い値ですから，使える資質が普通よりも少ないと考えられるのです。現にこの人の場合，ときどき不安発作が起こっています。過剰な刺激を受けることによって，そういう経験が生じているのだと思います。経歴の中で，今23名分の出張計画を立てていて，ときどき仕事が忙し過ぎると思うことがある，と語っているくだりがありました。

それから自己中心性指標が0.28と非常に低いということは，他の人よりは自分のことを低く見ていると考えられます。結果としてはケース1と似ているのですが，この人の場合は自分を低く見ていることが社会で非常に依存的・受動的な役割を演ずるようにさせています。受け身的に振舞う，ないしは他の人に逆らわない，つまり従順な態度を取る役割を選んでいるわけなのですが，これも彼女にとっては複雑過ぎる環境から自分を守る方法として採用されているのだと思います。人間反応が8個あるので，かなり人間には興味があると思われます。しかし人間に対する認識は多分に空想の世界での経験を基にしたものであって，現実の経験を基にしていない。つまり8個のうち2個しかPure H反応がないのです。T反応があるので，他の人と親密に接することに抵抗はないし，むしろ興味があると言えます。ただ，一体どういうふうに接したらいいのかということについてはわからずにいます。もしかすると他の人と親しくすることによって何かを犠牲にしなければいけないのではないかと心配しているのでしょう。

つまり，この人は自分の環境におけるいわば辺縁の部分だけで生活をする傾向があります。何が起こっているのかは認識していると思うのですが，深く関わったりあるいは成熟した関係を持つことができないでいます。全体的に見て，この人は心理学的に非常に貧しい人です。比較的脆弱であり，自分をあまりよく思っていない，分裂気質の人であると言えましょう。あまりにも複雑過ぎる

要求がきた場合には，簡単に混乱してしまう。あるいは自分の感情や他の人の感情に直接関係するような問題が出てくると，簡単に混乱してしまいます。

　彼女のプラスとマイナスの資質を見ておきます。一番よいプラスの資質は思考の明晰さです。あとは，情報を現実的に翻訳していること，明らかな手掛かりを与えられると慣習的な反応をすること，人に対してかなり強い関心を持っていること，などです。次にマイナスの資質ですが，まず，資質の量が限られていること，それから，複雑なことをとにかく避け，もっと簡単に扱えるようなレベルで物事に対処しようとする傾向があること，自分の感情表現を制限し，感情が絡むような状況を避けようとすること，自尊心がかなり低いこと，空想を使って，自分に脅威を与えるような社会と直接的に関わるのを避けようとすること，対人関係においては顕著に受動的な傾向が見られること，などです。

　仮説としては，この方の症状のほとんど全部は，これまでの生活環境の中から生じてきたものだと思われます。この人は他の人に頼っていて，非常に脆弱な存在として生きています。本当はあまり親しくもないような人に頼って生きていますし，日々の生活の中で自分がどれくらいうまくできそうなのか，あるいはうまくできなさそうなのかをまったく予測できないでいます。このような観点を持つと，最適な介入目標は非常に簡単に見つけられるかと思います。どうも多くの発達上の問題を抱えているようです。こういうことを斟酌すると，症状を中心とした短期的治療が彼女の生活に長続きするような改善をもたらすとは思えません。逆に，比較的長期的な介入をする方が治療計画上は重要な意味を持つのではないかと思います。

　またロールシャッハの結果から判断すると，治療の際にはかなり注意深くアプローチした方がいいようです。とにかく自分自身のことがよくわかっていませんし，他の人のことについてもそれと同じくらいわかっていません。混乱しています。彼女の資質は想像以上に限定されていて，空想を濫用しています。自分の窮状から身を守るために，空想を多用しています。おそらく，治療上一番のプラス要因は，この人自身が絶望感を抱いていることだと思います。けれどもそれはマイナス要因にもなり得るわけです。たとえばまだ準備もできていないのにある治療をすることになり，問題に直面し，自分の存在が脅かされる

かもしれないと感じたときには，逃げ出してしまうかもしれません。このような場合の介入では，最初は特定された，複雑でない目標から入るとよいでしょう。たとえば社会的スキルを広げることに焦点を合わせるなどです。自分の感情を見つめ直すという作業はずっと先まで取っておく方がよいでしょう。またセラピストは，この人に回避傾向や単純化する傾向があるということに注意しておいた方がよいと思います。空想の多用についても注意した方がよいでしょう。治療の過程で複雑な事柄を取り扱うようになってくると，そのときには問題を起こすかもしれないからです。

　前述のように，これら２人の女性にはほぼ同様の介入モデルが使用されました。本質的には支持的で，認知面に焦点を当てたものです。その中にはストレスに対処するための方略を作り上げることも含まれていました。ケース１の場合は，本質的な，たとえば自己愛の問題などにはあまり深く関わらず，とにかく症状ベースの治療をしていけばいいと思います。けれども，ケース２の場合にはそのやり方はまずいと思います。ケース１は，治療を12週間続けました。その間に離婚が成立して，何か他の職業を見つけようと就職活動をすることになりました。治療が終了してから９カ月目に行ったフォローアップ調査では，今非常に満足しているというような答えが返ってきました。ところがケース２の方は，８週間で治療が中断しています。前よりもずっと気分がよくなったからそういう決定をしたのだと本人は言っています。しかしそれから７カ月後に，この人は自殺未遂を起こして入院しました。頻繁に抑うつ状態に陥り，自分の人生に希望が持てないから自殺を企図したと説明しているそうです。

　ケース１の場合には，非常に単純化された費用対効果を考えた治療が功を奏しましたが，ケース２の場合は明らかに失敗しています。ケース２の方は，確かに８回のセッションの後で気分がよくなったとは言っていますが，それをそのまま信じてよかったのだろうかという気がします。むしろ，そういうふうにして彼女は，治療の中で自分が直面しなければならない刺激を避けようとしたのではないかと思われます。経済的な観点から見ても，この人にこの後治療をしていくというのはすごくお金の掛かることだと思います。でしたら最初からもっと慎重でかつ彼女を脅かさないような治療モデルを使えばよかったのでは

ないか，それを使うことによって徐々に長期的な発達，治療のモデルに引き込んでいくことが可能だったのではないかという感じがします。道徳的，倫理的な観点から見ても，明らかに2番目のケースの方は，最初にきわめて不適切な治療を受けたと言わざるを得ません。その結果として，非常に大きな深刻な心理的コストを負担することになりました。もちろん，起きてしまったことを振り返って，こういうことで失敗が生じたのだと言うのは簡単です。また，過去に生じた失敗を調べてみるのは学術的には興味のあることですが，それは必ずしもやらなければいけないことではありません。いずれにしろ，患者がやってきたときには，費用対効果アプローチの八つの要素すべてに照らして検討して，現実的な治療を勧告することがよいと思います。

昨日の午後扱ったケースで，24歳の男性のケースがありました（第Ⅱ部第1章のケース）。この人は大学の4年生で，試験に失敗をしてパチンコや麻雀にふけって暮らしていました。明らかにこの人はあまり豊かな資質を持っていません。感情をほとんど外に表さない，感情を閉じ込めた状況にある人物です。昨日の最後に，発達促進的な治療がよいのではないかという発言をしました。それがベストだと思われたからです。しかし何が本当に彼にとってベストなのでしょうか。今日お話しした費用対効果分析の要素を思い起こしてみたいと思います。何か他の選択肢がなかったのかどうかを考えてみたいと思います。

治療の目標は何でしょう。成熟した人間になってほしい。自分自身に責任を取れるようになってほしい。もっと気楽に心を開いて対人関係を持てるようになってほしい。試験をちゃんと受けて大学も出てほしい。就職して自分自身の人生に責任を持ってほしい。そういうふうに思います。24歳という，かなりの年齢なわけですから。

ではこの人の資質は何でしょうか。まず情報処理ですが，かなりの努力をしていることがわかります。$Z=14$，$W=10$，$D=5$なので，かなりやり過ぎというところはありますが，とにかく努力をしているところは評価できます。しかしマイナスの資質もあります。それは単純化する傾向が認められることです。今朝もう一度この人の反応の継列を見直してみたのですが，W反応は10個あるけれど，難しいカードに関しては全然W反応は出していません。意欲はあ

第Ⅲ部　治療計画

る。動機づけはある。それは確かにプラスの資質です。しかし複雑なことを恐れている。これはマイナスです。現実吟味，これはいいようです。平凡反応が6個で，X+％は0.71あります。ということは，物事をかなり慣習的な形で翻訳できる人だということです。これももう一つのプラス面でしょう。何しろ平凡反応が6個あるわけですから，はっきりした手掛かりを与えてやると慣習的な答えが返ってくるということです。思考はかなり明晰です。M−はないし，スペシャルスコアは1です。これもプラスの面です。しかしその一方，空想を濫用しています。一生懸命考え，頭の中に空想を作り上げて，現実世界を回避しているのです。これはマイナスです。

最大のマイナスの資質は感情のクラスターに出てきています。感情的には閉じこもってしまっているのです。自分の感情をとにかく隠そうとしています。自分の感情を無視しようとしています。自分の感情を否認しているのです。これはマイナスの資質です。それからもう一つは怒りの大きさ。これは大きなマイナスの資質です。しかしこれは，逆の見方をすればプラスの資質でもあります。怒りがどうしてプラスの資質なのかと思われるかもしれませんが，ちょっと考えればわかることです。怒りはしばしば，物事を行う動機づけになるのです。

何らかの発達促進の枠組みに彼を導入しなければいけないという言い方を昨日しました。何らかの発達療法というようなものを始めて，1週間に2回くらい治療を受ければ，18カ月くらいでかなりの進歩が見られるでしょう。ですからそれは考えられる一つの介入モデルであると思われます。しかし一方で，感情的に萎縮している人だということを思い出さなければなりません。それから，とても怒りがたまっています。もしもそういう人に「はい，これから1週間に2回治療を受けてもらいます。18カ月続きますよ。あなたの環境を変えますよ。あなたを変えていきますよ」と言ったとしたら，「ああ，それはどうも。いいですね」と言うと思いますか。「素晴らしい」とは言わないでしょう。「まあ，素敵」などとも言わないと思います。「余計なお世話だ」と，たぶん麻雀屋さんに行ってしまうと思います。というのは，治療者の言っている意味がわからないからですし，怒りを表現することができないからです。

第1章　治療計画におけるロールシャッハの適用

　では他に代替案はないのでしょうか。非常に縛りの強い指示的な行動療法を行ったらどうでしょうか。賞罰関係がはっきりわかるようなセッションを設けたらどうでしょうか。大学に行かなければ麻雀はやらせない。試験を受けなければパチンコは駄目。学校に行きさえすれば麻雀に行けるトークンをあげよう。試験を受ければパチンコに行くことを認めよう。でも，試験には受からなければいけません。失敗したら駄目。トークンはあげない。今ここでトークンという言い方をしましたが，これには象徴的な意味があります。つまり彼が現在生活している環境の中で使えるトークンをあげるという意味です。彼と一緒に話し合って，明日こういうことをやろう，あるいは水曜日はこれだ，金曜日はこれだというふうに，何か目標を決めます。それで，水曜日にやって来たときに，約束したことが本当にできたかどうかを言ってもらうわけです。

　こういったタイプの介入は，私が考えている理想的な介入とは正反対の性格を持っています。私は1週間に2回くらい来てもらって成長を促すのが理想的だと思います。でもいくら理想的でも，この人はそれには参加してくれないだろうという気がします。この人は自分から進んで検査に来たのではありませんでした。つまり，自分は少しおかしいので頭をちゃんとしてもらおうなどと思って自ら進んでやって来たのではなかったのです。親に言われたとか先生に勧められたとか，おそらくそういうことではなかったかと思います。もともと意欲が低い，動機づけがなかったということですので，この点は十分考慮する必要があります。では，私が彼にやってもらいたいことを彼がやった場合に，どのくらいご褒美をあげるのか。これをやったら麻雀をやっていい，パチンコをやっていい。いつまでもそれだけで保つとは思いません。とにかくこういう行動を取ろうという約束をして，それを実行してもらう，できたらご褒美をあげるというような，何か別のご褒美のシステムを作る必要があると思います。

　一つご褒美をあげたいなと思っているのは，自分が怒りをため込んでいるのを認めることに対してです。ただし認めるのはよいのですが，そのやり方は社会的に受け入れられる形でなければいけません。経歴を見ると，大学1年生の頃にはサッカーを随分やったということでした。非常に楽しかったと本人は言っています。じゃあ何か民間のサッカークラブに入るというのはどうでしょう

か。つまり他の人を蹴るのではなく，ボールを蹴ってもらう。ボールを蹴ることによって自分の攻撃性を表出することができます。またサッカーをやることによって他のことも満たすことが可能です。対人関係も広がると思います。今はまったく社会的な役割を演じていませんが，サッカークラブに入ったら社会的な役割を与えられるかもしれません。でも，もうサッカーはやりたくないと言ってくる場合もあります。そのときは別のことを考えればいいですね。スカイダイビングはどうかとか，スキューバダイビングとか，レーシングカーに乗ってみるとか，何でもいいのです。つまり空想の世界から現実世界に，彼を押し出してやらなければいけません。そうすることによって感情を表現させて，成長のためのモデルを与えてやるということです。先ほど説明したようなフォーマルな形ではありませんが，これも一種の発達療法であるわけです。その中で非常に大切な要素となるのは，大学に戻って最後の卒業試験を受けることです。別に親が望んでいるからそうしなくてはならないということではなくて，自分自身のためにこれはやってみる価値があるのだと本人が納得することが必要です。

　治療過程で，この人の父親，母親，祖母，あるいは別れたガールフレンドなどに対する感情の問題を扱うことの価値に，私は何の疑問も抱いてはおりません。これらはすべて非常に重要なことですから。おそらく伝統的な発達療法においては，こういうものは全部扱うと思います。しかし包括的な費用対効果アプローチから考えれば，こういうことは必ずしも重要なこととは言えないかもしれません。もっとも重要なことは，彼に何らかの行動をさせることです。しかもできるだけ脅威を与えず，心理的な負担がもっとも少ない形でそういう活動に引き込むことです。もっとも短い期間で彼に介入するには，このような設定にするのがよいと思います。それは認知的な構えとも言えるわけです。こういう形態によって，つまりいわゆる行動療法的なモデルを導入することによって，今持っているいろいろなマイナスの資質を是正していくことも可能だと思います。これが一種の費用対効果アプローチによる治療計画の立て方ということになります。少なくとも私はそういうふうにしています。もし皆さんもこれが役に立つと思ってくださるのであれば，たいへん嬉しく思います。

あとがき

　以前，包括システムによる日本ロールシャッハ学会（以下JRSCと略記）のニューズレター「ACROSS THE HORIZON No.4」の特別企画で若手座談会を行った時，コーディングや解釈が学会誌に逐語で載っていて大変参考になるとの意見が出されたことを思い出しました。編集委員のご尽力により，Dr. Exnerの来日時（1999年第5回大会，2002年第8回大会）の特別講演2編とワークショップでの事例解釈2編は既存のJRSC学会誌第4巻，5巻，7巻に納められています。その場に参加できなかった方，そして参加して聴くことができた方にとっても，活字として触れることができることは大変ありがたいことだったと思います。

　このたび，まだ誌面化されていなかった第8回大会ワークショップでの事例解釈2編を加え，1冊にまとめられました。JRSCにとって初めての出版書となります。この企画は現理事会の協議のもと，現編集委員会が具体的な作業を託され，歴代の編集委員のお力をお借りしながら，それぞれ日々の仕事が忙しい中，年末年始をはさみ作業を進めてきました。Dr. Exnerのライブを体験した参加者にとっても，そうでない方にとっても，またすでに学会誌で読まれた方も，まだ包括システムに触れていない方にとっても，新たに編集された本書は読みごたえ十分な1冊になることは間違いないでしょう。お読みいただければわかると思いますが，ヘルマンによるロールシャッハ・テストの誕生に始まり，Dr. Exnerによる事例の丁寧かつ包括的な解釈，治療計画・目標，フィードバック等々，日々の臨床に生かすことができるエキスがギュッと詰まった宝箱のような1冊です。

　JRSCが1994年に発足し，2004年に10周年を迎え，第10回大会が東京で開催されたのはご記憶に新しいことでしょう。新たな10年を歩み出す2005年，広島での第11回大会に合わせて，皆さまのお手元に届けることができますことを心から大変嬉しく思います。

　本書の出版に当たり，時間的に無理を申し上げたにもかかわらず，当学会初

の出版書にご理解，ご尽力いただきました株式会社金剛出版社長の田中春夫氏，寺田悦子氏に深く感謝申し上げます。

　最後になりますが，以下，編集に関わってきた歴代編集委員，現編集委員，現編集事務局員をご紹介させていただきます。

　（敬称略　五十音順　＊現編集委員）

　＊遠藤裕乃　＊大貫敬一　＊黒田浩司　下村美刈　＊田形修一　＊丹治光浩　津川律子（編集代表）　寺村堅志　＊中村伸一（編集代表）　西尾博行（副代表）　二橋那美子　＊野田昌道（編集事務局長兼務）　張田真美　藤岡淳子（編集代表）　＊渕上康幸　＊藤田美枝子　＊横山恭子（副代表）（以上編集委員）　大野恵美　小倉菜穂子　野村邦子　半澤利一（副局長）（以上現編集事務局員）

2005年3月

　　　　　　　　　　　　　包括システムによる日本ロールシャッハ学会
　　　　　　　　　　　　　　　　　　事務局長　**野村邦子**

ロールシャッハとエクスナー　ロールシャッハ・テストの起源と発展
2005年5月25日　印刷
2005年6月10日　発行

編　者　包括システムによる日本ロールシャッハ学会

発行者　田　中　春　夫

発行所　株式会社　金　剛　出　版

〒112-0005　東京都文京区水道1-5-16

電話03-3815-6661　振替00120-6-34848

印刷　太平印刷社　製本　井上製本所

ISBN4-7724-0868-1 C3011　　　　　　©2005 Printed in Japan

ロールシャッハ法と精神分析的視点
（上）臨床基礎編／（下）臨床研究編　ラーナー著　溝口純二・菊池道子監訳　分析のみならずさまざまな視点から，最新の臨床成果を網羅した大冊。　各 3,675 円

ロールシャッハ形態水準表
高橋雅春・高橋依子・西尾博行著　わが国でロ・テストを適用する際の基準となる日本人の反応出現度に基づく形態水準を収録した。　2,940 円

ロールシャッハ解釈入門
高橋雅春・高橋依子・西尾博行著　日常臨床で包括システムが適用できるようわが国での数値を示し，解釈に役立つよう工夫された，臨床家必携の書。　2,940 円

ロールシャッハの解釈
エクスナー著　中村紀子・野田昌道監訳　ロールシャッハ法解釈の基礎から応用までを詳しく解説した初学者にも中級以上の経験者にも必携の書。　9,030 円

ロールシャッハ・テスト ワークブック (第5版)
エクスナー著　中村紀子・他監訳　包括システムの施行と解釈を正しく行うための，施行手順や注意点などを詳しく解説したガイドライン。　5,460 円

ロールシャッハ解釈の実際
藤岡淳子他著　ロ・テストから得た情報を組織的に探索し，統合的に性格像を作り上げていく統合システムによる解釈の実際の手順を事例により示す。　3,675 円

臨床心理学
最新の情報と臨床に直結した論文が満載
B 5 判 160 頁／年 6 回（隔月奇数月）発行／定価 1,680 円／年間購読料 10,080 円
（送料小社負担）

学校コミュニティへの緊急支援の手引き
福岡県臨床心理士会編　窪田由紀・向笠章子・林幹男・浦田英範著　さまざまなコミュニティにも応用できる心理援助の実用的かつ実践的手引き書。　3,990 円

強迫性障害の行動療法
飯倉康郎編著　診断や治療法の適応の判断，適切な治療環境の設定，曝露反応妨害法を実施する際の流れ，看護との連携などを具体的かつ丁寧に解説。　3,990 円

自傷行為
B・W・ウォルシュ他著　松本俊彦・山口亜希子訳　多様な臨床例に見られる自傷行為について実証的に検討し，病態の理解と具体的治療指針を示す。　3,990 円

認知行動療法入門
B・カーウェン他著　下山晴彦監訳　基本的な考え方を概説したうえで，初回から終結までの各段階で使われる方略や技法をケースに則して示す。　3,360 円

新しい思春期像と精神療法
滝川一廣著　不登校，境界例，いじめ，摂食障害，障害児へのケア等，子どもの心の発達臨床に長年取り組んできた著者による初の論文集。　3,570 円

軽度発達障害児の理解と支援
降籏志郎編　学校や地域の養護施設で働く臨床家や家族のために治療教育的な発達支援の実際を事例をあげてわかりやすく解説した実践的指導書。　2,940 円

精神療法
わが国唯一の総合的精神療法研究誌
B 5 判 140 頁／年 6 回（隔月偶数月）発行／定価 1,890 円／年間購読料 11,340 円
（送料小社負担）

（価格は消費税込み（5％）です）